静岡県 歩きたくなる道 25選 PART 2

健康のため、ダイエットのため、
運動不足だから、一人でもできるから、
体への負担が少ないから、気軽に行えるから…。
ウオーキングを始める理由は人それぞれ。

車の移動と違って、歩くといろいろな景色が見えてきます。
遠方へ歩きに行ったら、地元名物を食べて帰るのもいいですね。
ウオーキングの楽しさは本当にたくさんあるのです。

最初から飛ばさずに、歩ける歩数、距離を歩いて
無理せず、頑張らないウオーキングを始めてみませんか。

静岡県内おすすめの25コースを紹介します。

CONTENTS

東部
中部
西部
伊豆
01
02
03
04
05
06
07
08
09
10
11
12
13
14
15
16
17
18
19
20
21
22
23
24
25

本書の使い方

所要・距離
初心者・初中級者が歩いた場合の所要時間です。休憩時間や昼食を取る時間は含まれていません。体力や歩行ペースには個人差がありますので、あくまでも参考タイムとして目安にしてください。

順　路
今回紹介するコースルートです。所要時間はあくまで目安です。

地　図
スタートからゴールまでのルートです。ルートは道路状況や災害等により通行止め、迂回路になる場合がありますので、事前に道路情報をご確認の上歩いてください。

地図は2023年2月現在のものです。

ACCESS
スタート地点へのアクセス方法とゴール地点から最寄りの駅までにアクセス方法です。
駅が遠い、公共交通機関がない場合は車でのアクセスになります。

はじめてみよう！ウオーキング

手軽に始められ、身体の負担も少なく、
誰もが行うことができる健康効果の高い運動、それがウオーキングです。
体力維持、運動不足解消など、はじめる理由は人それぞれ。歩けば気持ちもリフレッシュ。
これからウオーキングを始める方に注意点を紹介します。

どのくらいの時間 歩けばいいの？

1日1万歩とよく言いますがそこまででなくても、1日2000歩増やすだけで死亡リスクが減り、なおかつ早く歩くことを心がけると一層効果が高まるという研究結果が海外の疫学研究機関で明らかになっています。1回のウオーキングは30分～60分続けるのが理想とされています。

どのくらいの距離を歩く？

10分間のウオーキングで歩く平均的な距離は600～700m程度。歩数にして約1000歩です。これを元にすると15分程度歩くと約1000mになります。しかし歩くスピードには個人差があり、10㎞を90分程度で歩く人もいれば、2時間以上かかる人もいます。

ウオーキングで健康効果を得るためには、歩く距離の長さよりも継続して続けることが重要。無理をして長い距離を歩くよりも、毎日続けやすい距離を設定しましょう。

● 膝が曲がったときの着地と膝が伸びた着地

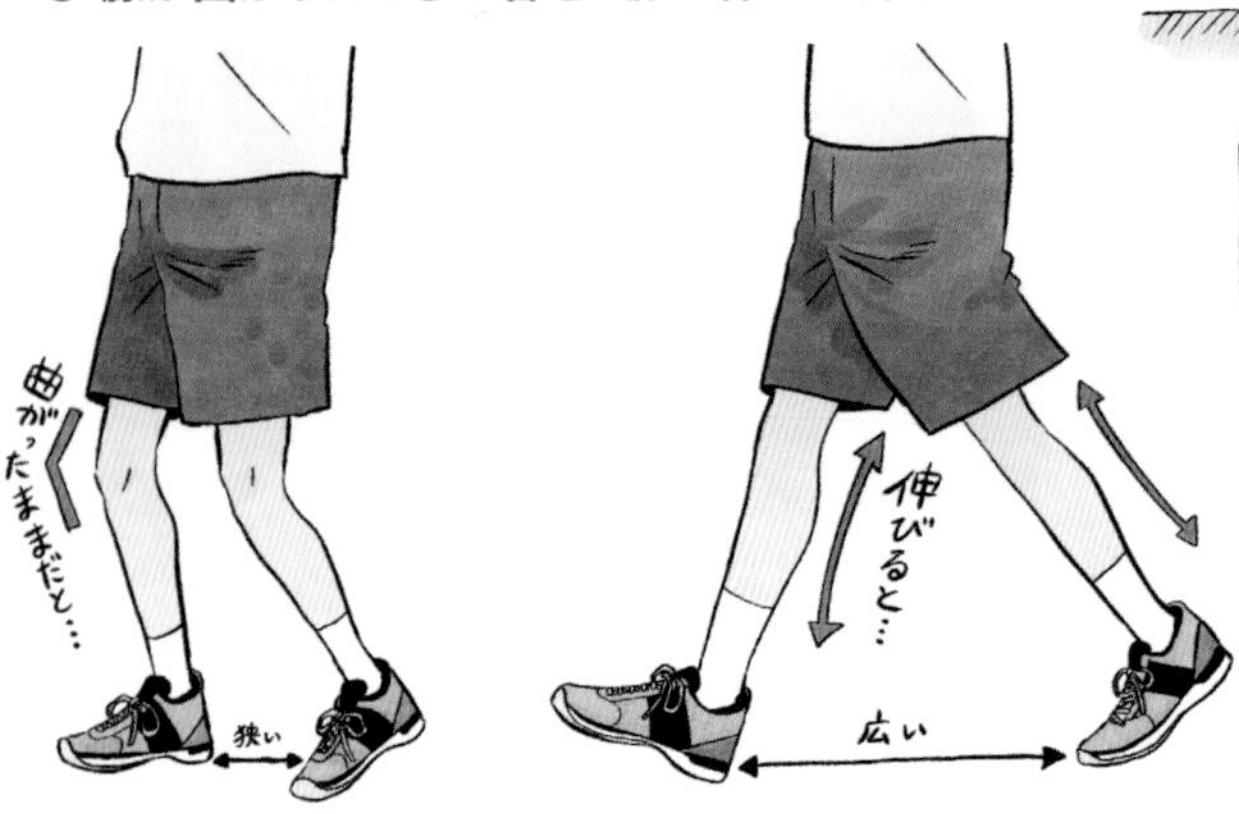

いい歩き方

疲れない歩き方とは

足が地面に対してまっすぐに着くと足首に負担がかかります。足首が疲れると身体がぶれ、バランスを取るために余計な体力を消耗します。疲れない歩き方は、地面に着く足の角度を少し外側に開くといいでしょう。

また、つま先やかかとから着地するのも疲れの原因に。つま先やかかとに体重がかかるので、ふくらはぎの筋肉や足首、膝などの関節が疲れてくるためです。足裏全体で着地すると疲れにくくなります。

● かかとからつま先への重心移動

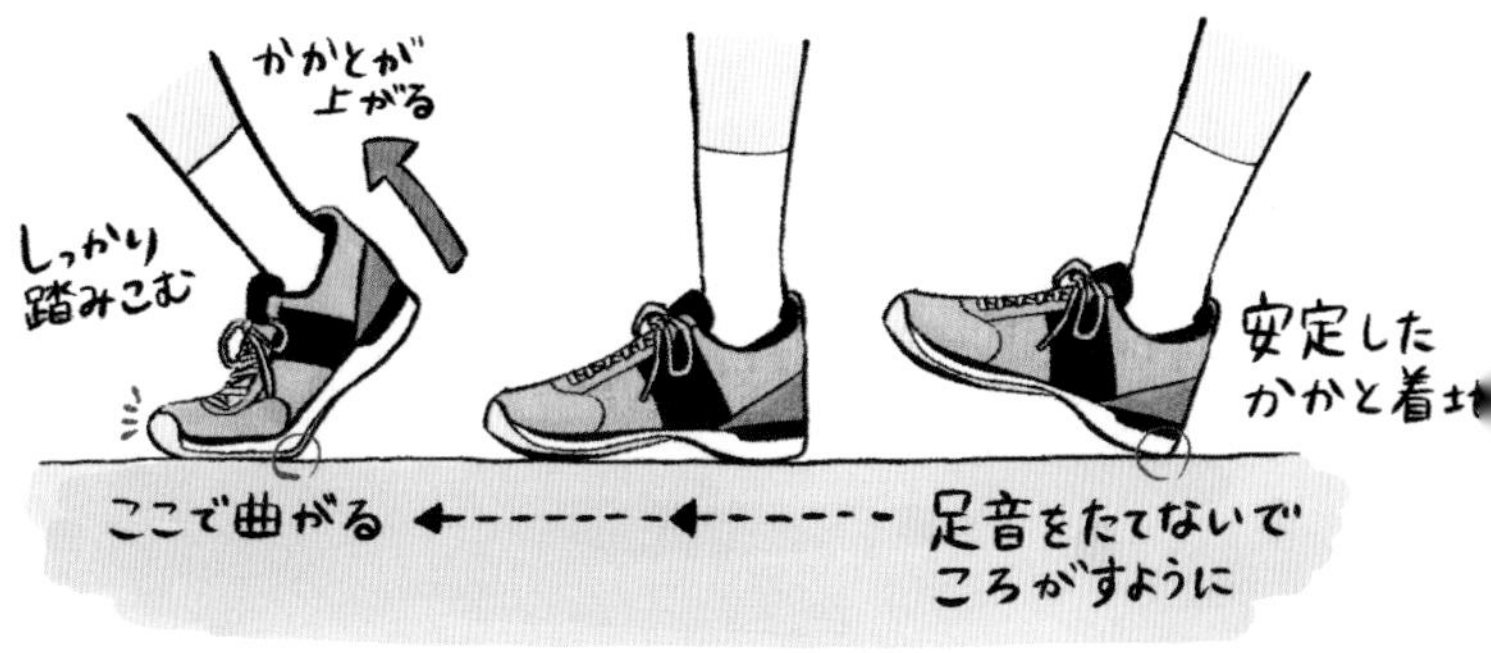

足にフィットする靴ヒモの結び方

❶

シューズを履いたらヒモを一回結んで、左右に振り分けて持ちます。かかとで軽く地面をトントンとたたくようにして、かかとをシューズのかかと部分にぴったりと収めます。

❷

そのままゆっくりと足を後ろにh引いて、つま先で踏み込み（歩いている時の後ろ足の状態）、かかとを上げたままでヒモを引っ張りながら二つ目を結びます。2、3歩歩いてみるとシューズがフィットしていることがわかります。シューズを脱ぐときにはヒモをほどかないと脱げません。

こんなときはどうする?

雨が降ってきた

レインウエアや折りたたみ傘を持つなど雨対策は必要です。レイングッズを持っていないときは、街中ならコンビニでレインコート（合羽）や傘を買うのも手。雨の日は足元が滑りやすく、視界も悪くなるのでくれぐれも注意すること。

靴ずれが起きた

応急処置としてはガーゼ付絆創膏を貼る、ワセリン軟膏を塗る。持っていない場合は、シューズのかかとに足を合わせ、つま先は上げたままの状態で靴ひもをきつく締めて足首を固定すると良い。

小腹が空いた

手軽に短時間で空腹を満たすことができるもの、一口サイズの羊羹やチョコレート、ミックスナッツを食べるのがおすすめ。ゼリー飲料も腹持ちが良く、満腹感を得ることができる。

ウオーキングにあると便利なもの

定番グッズから最新のおすすめグッズまで、
これがあるとウオーキングがもっと便利に、もっと楽しくなる！

雨対策

レインウエア

天気が悪い中を歩くならレインウェアは必須。独自の3層構造で、べたつき感によるストレスを感じにくい生地裏面。外からの雨水を防ぐ耐水性にもすぐれ、100回以上洗濯しても変わらない撥水性を持つ。

■ベルグテックEXストームセイバー
レインスーツ（ミズノ）

カサ

55cmのカーボン骨を8本使用。軽さと強度のバランスを追求した折りたたみ傘。ウオーキングやトレッキングに持ち歩くのに、計量の傘なら荷物の負担にならない。もちろん旅行や日常使いにもマル。

■トレッキングアンブレラ（モンベル）

暑さ・寒さ対策

ネックウォーマー

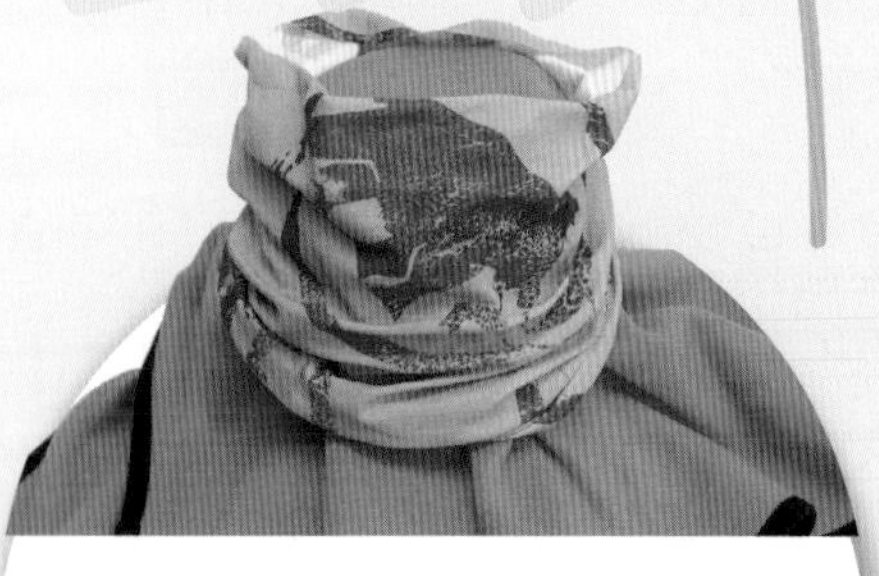

首を温めると血行がよくなり、体全体が温かくなる効果がある。ネックゲイターは首だけでなく、ウオーキング中のマスクの代わり、帽子やバンダナ、リストバンドなど１枚で何役もこなす便利グッズ。

■ネックゲイター（マムート）

アンダーウェア

汗が乾くとき急に寒さを感じる“汗冷え”は、余分な体力、エネルギーを奪う。メッシュのアンダーウェアは、肌に濡れた感覚を残さず、ベタつきや汗冷えを軽減する。その上にタイトなアンダーウェアを着れば、速乾性、保湿性がさらにアップする。

■ドライナミック　メッシュ（ミレー）
■ドライナミック　スルー（ミレー）

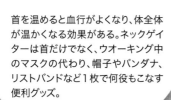

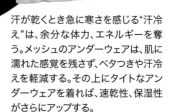

食 事

アウトドア用食品

お湯か水を注ぐだけ(お湯は15分、水は60分)で三角形のおにぎりが完成。握る必要がないため、手を汚さずに食べられる。ウオーキング、スポーツ時の補給のほか、5年保存なので備蓄食糧にも。

■携帯おにぎり(尾西食品)

お湯を注いで混ぜるだけ。わずか3分(水なら5分)でできる「リゾッタ」はカレー、サーモンチーズ、五目、梅しそなど、10種類の味が揃う。アツアツのご飯で、疲れていても食べやすい柔らかな口あたり。

■リゾッタシリーズ(モンベル)

水 筒

秋山、冬山での保温力を優先した「山専用ボトル」。高い保温性で、体を温めてくれるスープやコーヒーはもちろん、お湯を注ぐだけの携帯食糧、カップ麺も美味しく頂ける。750mlあれば、カップ麺+食後のコーヒー1杯+休憩時のお茶やコーヒー1杯分で使い切る量のお湯を用意できる。

■山専用ステンレスボトル750ml(サーモス)

自分に合ったシューズで快適ウオーキング

ただ歩くだけと思って、靴底が薄いフラットシューズで歩いていないだろうか。靴底の薄い靴で長距離を歩くと、膝や骨盤、腰に対する衝撃が大きくなり、膝痛、腰痛につながることもある。

大切なのは歩きやすくて、長時間歩いても疲れにくいシューズを選ぶこと。靴底に衝撃吸収素材を使いクッション性を高めたシューズなら、長く歩いても疲れない。ランニングシューズに比べてウオーキングシューズが重いのは、振り子の原理を利用して、足が疲れた時も前に一歩進みやすくなるためだ。

またシューズにはハイカッとローカットがあるが、足首をしっかりとホールドしてくれるハイカットは、登山道などで捻挫する危険性が低くなる。ローカットは足首の可動域が上がり、地面を蹴る時にしっかりと足首を曲げることでアキレス腱が伸ばされる。しかし足首を覆っていない分、足首をひねりやすいうえ、砂利や小石が靴の中に入りやすい面もある。

歩く道にもよるが、山歩きなら固い足首をホールドするハイカットシューズがおすすめ。ハイキングやウオーキングなら足首が自由に動くローカットシューズで、柔らかい靴底でも良いだろう。

■ローカットシューズ/サロモン　OUTline PRISM GORE-TEX(右)
■ハイカットシューズ/コロンビア　オムニテック

取材協力:スポーピアシラトリ 静岡店

便利! 優秀! 楽しい!

ウオーキングに使えるアプリ

スマホのアプリは今や多機能でどんどん進化している。ウオーキング系のアプリを取り入れれば、歩く楽しみが増えること間違いなし！自分にあったアプリを探してみよう。

新しいアプリをスマホに入れるには

❶ ホーム画面のAPP Storeをタップして「検索」をタップ。上部の枠の中にほしいアプリ名を入力する

＊スマホがAndroidならGoogle Playストアを開いて検索欄にアプリの名称を入力し、(検索)をタップ

❷ ほしいアプリが出てきたらタップして詳細を確認 そのあと「入手」をタップ

❸ 下部に表視されたアカウント名が自分のものであると確認し、「インストール」をタップ

❹ apple ID（iPhoneの場合）やパスワードを入力

❺ インストールが完了したら「入手」の部分が「開く」になる ここをタップしてアプリを起動

❻ 入手したアプリはホーム画面に配置される。アイコンをタッチすれば使用可能

Abvic Inc

ルート確認、過去記録と比較するのに便利

Walkmeter
（ウオークメーター）

GPSと連携して移動ルートを自動で記録する。ウオーキングはもちろんハイキング、ジョギング、散歩なども追跡。移動時間や移動距離、平均時速、消費カロリーなど250以上の統計データを記録して、日や週、月、年など全体統計情報の概要を表示する。Siriを起動して必要に応じてアナウンスを聞くことも可能。また歩いた実績を仲間や友だちと共有できる。

特長

- 距離、スピードなど120アイテム以上から音声によるアナウンス項目を選択可能
- 自動停止検知機能により、停止している時間を記録から外せる
- 湿度や天気も自動的に記録する
- 日や週、月、年など全体統計情報の概要を表示する
- このアプリにユーザー名やパスワードは必要ない

■Apple MapsやGoogle Mapsと一緒に使うことができる。

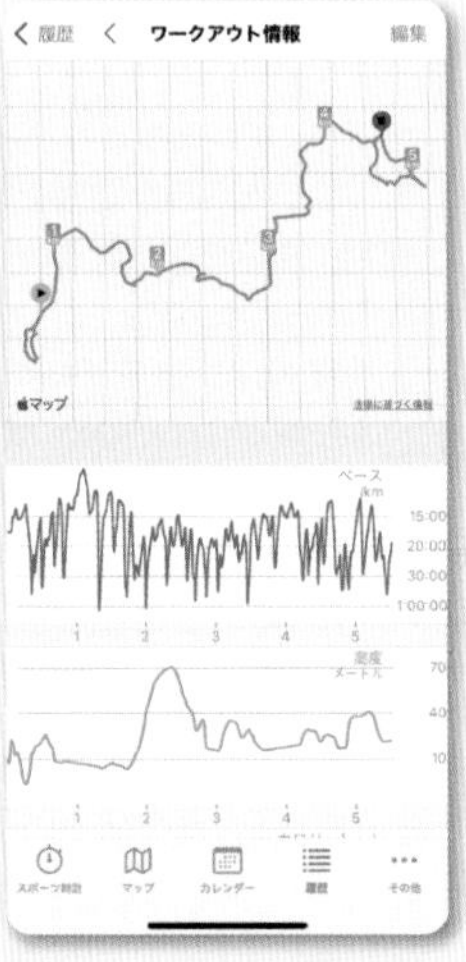

■ワークアウトデータは携帯電話に保存され、長い年月保存しても重いデータにならない

コンビニやトイレなど近くの施設も探せる

ALKOO（あるこう）by NAVITIME

©NAVITIME

歩数、歩いた距離、移動軌跡、消費カロリーなど、保存された記録を使って「自己ベストの日」や「今までの累計距離」など、さまざまに自分の歩きを振り返ることができるアプリ。
一人で歩いてもつまらない、かといって仲間と歩くのは…。そんな人におすすめなのが歩数ランキング。全国のALKOOユーザーをはじめ都道府県別、年代別のランキングを見ることができるので、歩くモチベーションもアップしそう。

特長

- わかりやすいグラフで記録が表示されるので達成感が得られる
- 歩数に合わせて現在地から回るルートを提案してくれる
- 全国約8000件のウオーキングコースを表示
- 「日陰マップ」機能は熱中症対策に使える

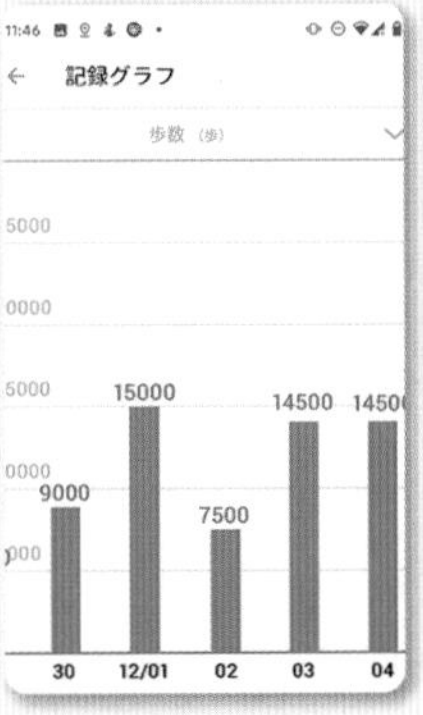

■歩いた記録が残り、日記のように振り返ることができる

■歩数を設定するだけで散歩コースを作成してくれる

歩いて日本各地の名産品をゲット

Aruku&（あるくと）

©ONE COMPATH

スマホを持って歩くだけでプレゼントが当たるウオーキングアプリ。目標歩数は普段の歩数を元に自動的に設定される。利用開始時は4400歩に自動設定されている。
アプリ内の地図上で「住民」と呼ばれるキャラを探し、話しかけて「依頼」を引き受ける。制限時間以内に指定された歩数を歩けばミッション達成。お宝カードがもらえる。カードが集まると日本各地の名産品プレゼントへの応募資格がゲットできる。

特長

- イラストがふんだんに使われていてゲーム感覚でウオーキングが楽しめる
- 常にアプリを起動しなくてもOK
- 応募に必要なお宝カードは商品ごと枚数が違う

■依頼達成でお宝カードをゲット。賞品は地域名産品がいろいろ揃っている

■「のどかなまち」「お花畑のまち」など、通常住民は多彩なジャンルからチョイスできる

歩いた歩数でマイルが貯まる

Miles（マイルズ）

©Miles Japan

徒歩、ランニング、バス、車、電車、自転車などすべての移動で自動的にマイルが貯まるマイレージアプリ。貯まったマイルは商品やサービスがお得に使える特典、ギフトカード、寄付などと交換できる。「シルバー」「ゴールド」「プラチナ」という３種類の月間ステータスがあり、移動距離や特典交換数などの条件を満たすと翌月のステータスがアップ。それにより毎月付与されるマイルが増えたり、交換率がお得になることも。

特長

- スマホの位置情報さえオンにしておけばOK
- エコな移動手段の方がマイルが貯まりやすい
- 貯まったマイルは寄付団体などに寄付もできる

■徒歩（ウオーキング）とランニングがダントツでマイルが貯まる

■ホームページ右上にあるのがステータス（シルバー/ゴールド/プラチナ）

No.01

歴史上の人物も歩いた古道

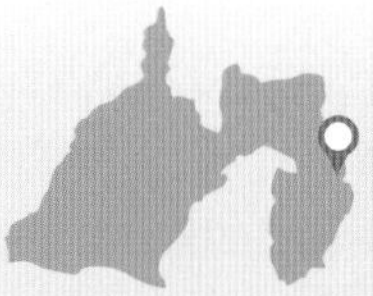

所要時間	3時間40分
距　離	9.5km

伊豆東浦路（網代～宇佐美）ウオーク

いずひがしうらじ（あじろ～うさみ）ウオーク

START ❶ JR網代駅 ▲約40分 ❷ 長谷寺 ▲約1時間30分 ❸ 網代峠 ▲約50分 ❹ 吉田松陰腰掛け石 ▲約40分 ❺ JR宇佐美駅 GOAL

2 長谷寺
江戸時代末期に奉納された石造三十三所供養観音像

START 1 JR網代駅
熱海の奥座敷といった感じの網代

豊富な水揚げを誇る網代港

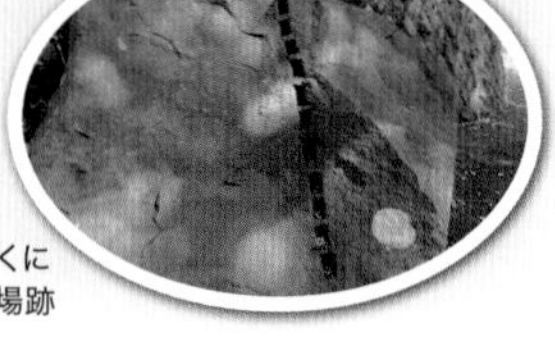

長谷寺近くに残る石丁場跡

尾根道までは舗装路をひたすら進む

伊豆半島の街道といえば、まず思い浮かぶのが下田街道だろう。幕末期、開港の地・下田に滞在していた米国領事タウンゼント・ハリスが幕府との条約交渉のため、天城峠から三島宿を経て江戸に向かうなど、時の要人たちも行き来した道である。川端康成の『伊豆の踊子』でも馴染み深い。

だがもう一つ、下田へ通じた古道があったことはあまり知られていない。下田～伊東～熱海～小田原を結ぶ「東浦路《ひがしうらじ》」である。ルートは名前の通り、現在の国道135号線とほぼ重なる。伊豆東海岸沿いにアップ

伊豆
東部
中部
西部

3 **網代峠** 網代峠へ向かう尾根道から眺める風景

名もない道の路傍に立つ野仏

尾根道で遭遇した「東浦路」の道標

ダウンが続く山道で、江戸期になって整備された。網代〜宇佐美には往時の面影を残す道が今でも残っているという。今回はここを歩く。

まずJR伊東線網代駅から国道135号線に出る。宇佐美方面に向かって行くと網代漁港が見えてきた。「京大坂に江戸網代」といわれた網代は、江戸への海路の要衝として諸国の廻船で賑わった所だ。漁港を過ぎ、新網代トンネルの手前にある歩道橋を渡り、朝日山に向かって登る。

朝日山の東側を回り込むと「長谷寺《ちょうこくじ》入口」という標識があり、下った森の陰に目指す長谷寺があった。「伊豆八十八ヶ所霊場」の第26番札所、聖観音を祀る曹洞宗の古刹だ。網代湊として栄えた往時、地元民が寄進したという「石造三十三所供養観音像」が境内で苔むしていた。

竹林の道を下って再び国道135号線へ。宇佐美方面に少し進むと、右折する舗装路があった。地図を見ると朝日山を北端とした丘陵へ登る道らしい。とりあえずランドマークとなりそうな物を探しながら歩き始める。間もなく、この丘陵が住宅、別荘地だということが分かった。結構きつい坂道を登っていくと目印の「AJIRO VILA」と書かれたゲートが

竹林が美しい長谷寺の参道

法界万霊塔

馬頭観音像

東浦路の古道は気持ちのいい森の道

あった。どうやら尾根道に出たようだ。しかし「東浦路」の標識はどこにもない。

　少し不安になりながらも、さらに尾根道を行く。ようやく手書きの道標を見つけた。

4 吉田松陰 腰掛け石　腰掛けて休憩するには塩梅のいい石だ

「網代温泉ハイキングコース・東浦路本道」と読める。辺りは立派な並木が茂り、街道の雰囲気を醸していた。ただ、それもほんの一瞬。足元は再び住宅地の中の舗装路に。木陰もない坂道を延々と登った。汗ばんできたところに、網代駅と月見ヶ丘公園の分岐を示す標識が現れる。迷わず月見ヶ丘公園へ。やがて舗装路は途切れ、「東浦路」の案内板が見えた。網代駅を出て2時間余りがたっていた。

いよいよ山道に足取りも軽くなる

案内板によると、「東浦路（朝善寺道標～網代峠区間）」の約1900mは市指定文化財になっている。つまり、この案内板の立つ所が網代峠で標高は300m弱。駅の標高が9mほどだから、汗もかくし疲れるはずだ。かつて峠に「大島茶屋」という茶店があったというがその痕跡はない。

　網代峠からはうっそうとした森の中の土道で、ついさっきまでの舗装路とは別世界だ。しかも峠を越えているからほぼ下り。足取りは軽く鼻歌が出そうだ。先を歩く同行者が小枝を拾ってときどき振り回している。よほど気分がいいのだろうか。尋ねると「いや、クモの巣を払っているんですよ」。人はあまり歩いていないということだろうか。

　東浦路は一本道で道標もしっかりしており、まず迷うことはない。路傍に「法界萬霊塔」

伊豆
東部
中部
西部

No.01 伊豆東浦路（網代〜宇佐美）ウオーク

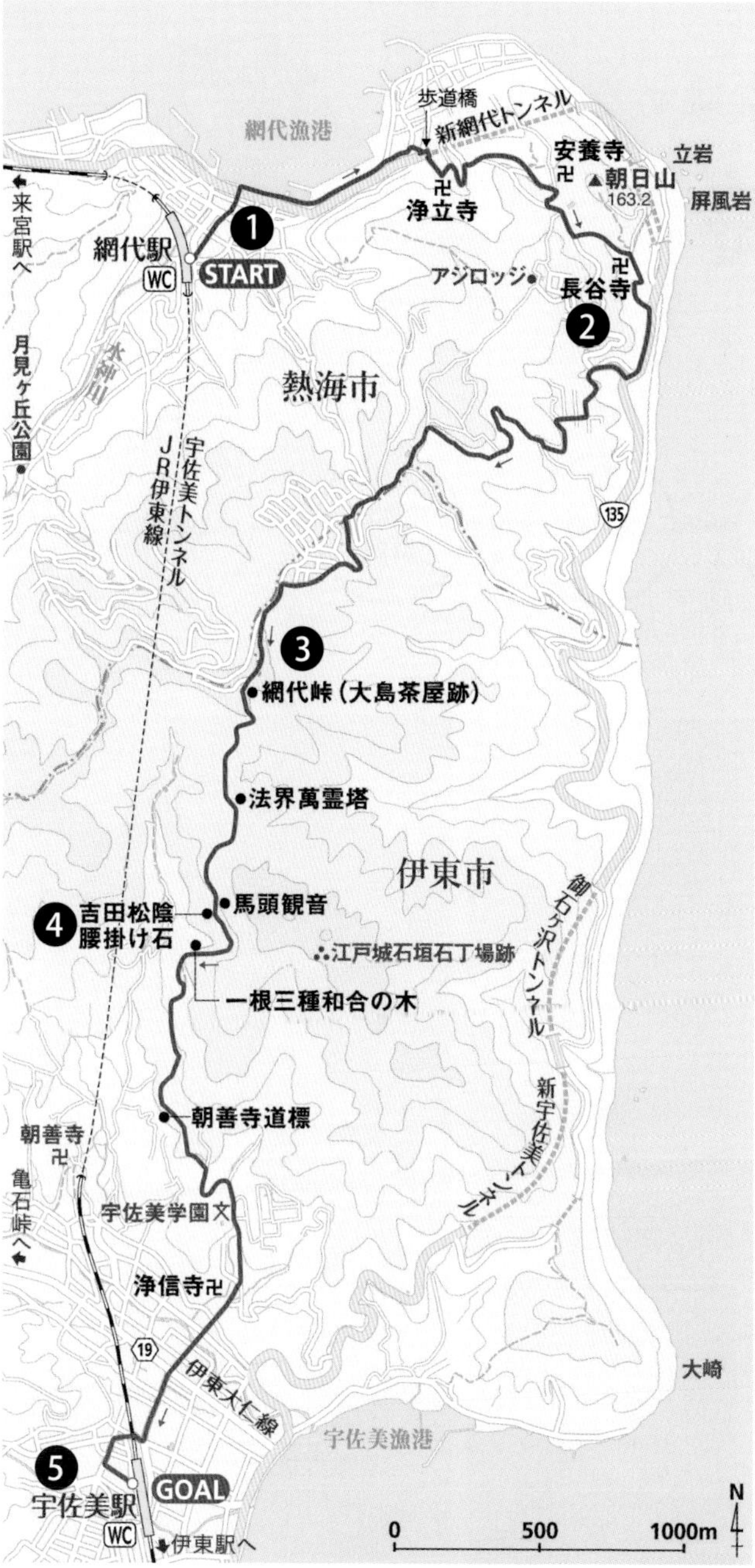

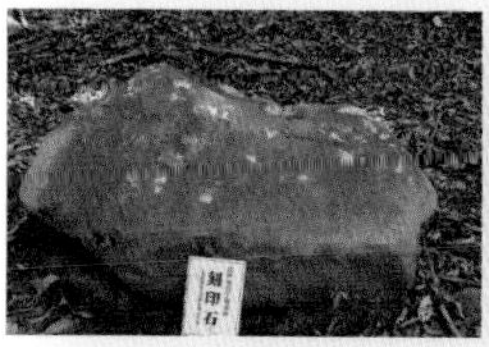
石丁場跡に残る刻印石

が立っていた。「文化十三年」（1816年）という文字が読み取れる。この辺りにも茶屋があったという。さらに下った所には馬頭観音、年号は「寛政九年」（1797年）だった。

この峠道を歩いた歴史的人物として、忘れてはならないのが吉田松陰である。1854（嘉永7）年、下田に停泊していたペリーの黒船に乗り込み、国禁を破って密航を企てた。さらに挙げれば、下田で日露和親条約を調印した川路聖謨《としあきら》、下田奉行を務めた小笠原長保もいる。長保は『甲申旅日記』に「又山越えなり。この所海見ず。峠を網代峠という。（中略）峠よりは海望よろしい」と記している。

山を下るとやがて「朝善寺《ちょうぜんじ》道標」が現れる。古道指定区間の起終点だ。趣豊かな歴史街道を堪能した。

5 GOAL JR宇佐美駅

日蓮宗の朝善寺への道標が立つ

No.02

伊豆諸島が浮かぶ太平洋を眺めながら

須崎〜爪木崎ウォーク

すざき〜つめきざきウオーク

所要時間	2時間
距　離	6km

START ❶ 恵比須島 —▲約30分— ❷ 須崎遊歩道入口 —▲約30分— ❸ 細間の段 —▲約40分— ❹ 俵　磯 —▲約10分— ❺ 爪木埼灯台 —▲約10分— ❻ 水仙群生地 GOAL

海底火山の記憶をとどめる恵比須島

白い肌の断崖は火山灰や軽石が堆積したもの

西風の強い冬の須崎海岸線の遊歩道は絶景の連続

下田の須崎半島は、須崎御用邸や野水仙の群生地・爪木崎で知られ、伊豆半島ジオパークのジオサイト（見どころ）としても近年注目されている。須崎

島の高台からの眺め

START
1
恵比須島
須崎漁港の西端に位置する恵比須島はジオサイトとして注目されている

須崎漁港は小さいが活気がある

2

須崎遊歩道入口

須崎漁港の東端に遊歩道の入口がある

に抱かれた入り江に形成されたのが、下田の街と港である。秋から冬にかけ一帯に吹く西からの強い季節風も、この地形が防いでくれる。おかげで東西航路の中継地点に当たる下田は古くから、船が暴風を避け良風を待つ「風待ち港」としてにぎわってきた。現在も冬場には須崎沖に数多くの貨物船やタンカーが避難し、その光景は冬の風物詩となっている。

　12月下旬、その日は強風が吹き荒れ海も荒れていた。須崎突端に位置する須崎漁港で出迎えてくれた「伊豆歩倶楽部」のメンバーは開口一番「よく、こんな日に」—。そう言われても当方は風待ちするつもりはない。港の西端に位置する恵比須島からスタート。島といっても長さ約20mの橋が架かり、陸続きになっている。ゆっくり散策しても一周20〜30分ほど。橋を渡り始めたのだが、真っすぐ立っていられないほどの横風。体を丸めて何とか渡り切る。

　ようやく、少しだけ風が弱まる中、波打ち際の遊歩道を進んだ。この島には海底火山の太古の記憶が刻まれている。美しい灰白色の地層は、噴火した火山灰や軽石が降り積もってできた。ゴツゴツした黒い石を埋め込んだような地層は、海底噴火の際の土石流だという。島の南端から東側の歩道は波に洗われていたため、照葉樹に覆われた山道を行く。高台にある「夷子島遺跡」からは、7〜8世紀頃の須恵器や、祭祀が行われたと考えられる焚火跡が出土している。

　再び橋を渡って漁港に戻り、東に少し進むと漁協出張所、漁民会館が見えてくる。背後に山が迫る小さくてひなびた港だが、キンメダイやマグロ・カツオ、イセエビ、サザエなどの漁が盛んだという。中でも港に近い漁場で、長い釣り糸に枝針を付けた「たて縄漁」で獲ったキンメダイは〈日戻りキンメ〉とも呼ばれ、鮮度抜群の高級ブランドになっている。あいにくの天気で休漁だったようで、漁師たちは網干場でイセエビ漁の網を繕っていた。

良質な伊豆石の産地 石を切り出した跡が あちこちに

港の奥には「須崎遊歩道」の案内板が立っている。須崎と爪木崎を結ぶ3km弱のコースで、短い距離ながら眺望が良く人気がある。地元を熟知した伊豆歩倶楽部の心強いガイド氏と共に遊歩道へ。鉄製の橋を渡ってすぐ、荒々しい波しぶきの洗礼を受けたけれど、岩場の山道に入ると風はもう気にならない。須崎遊歩道には、岩場と海岸の2コースがあり、今回は海岸の方を選んだ。

照葉樹林の道を登ってから下ると、須崎と爪木崎のちょうど中間にある「細間の段」と呼ばれる展望スポットに出る。江戸時代から明治期にかけて石垣などに使うため石材を切り出した「石丁場」の跡で、棚状になった岩場にベンチが設けられていた。波や風に浸食されてはいるものの、足元には、そこここに岩を四角く切ったくぼみ。ここから伊豆諸島が望めると聞いていたのだが、それも天気次第。この日、水平線には厚い雲がかかっていた。

樹林帯の山道に戻って海岸線まで来ると、爪木崎の灯台が視界に入る。この辺りの岩場にも石丁場跡が多い。伊豆は江戸に近く、海路の便も良いため石材の産地として栄えた。火山灰が固まって出来た「伊豆石」は柔らかく加工しやすいため、蔵の壁材や石垣用に長く重宝されてきた。石を割るための「矢」(くさび状の道具)を入れる矢穴や、鑿《のみ》で刻まれた刻印が各所の石丁場に残り、往時をしのぶことができる。石もまた、景観や温泉と同様に海底火山がもたらした恵みの一つ。伊豆半島が受け継いだ大いなる〈遺産〉と言えよう。

照葉樹の森の先に海原

かつては生活の道でもあった

森を抜けるとササ原と海岸線

3 細間の段

石丁場跡が残る。天気次第では伊豆諸島が眺められる絶景ポイント

細間の段から眺める恵比須島

荒磯の向こうに爪木崎が見える

波も穏やかな田ノ浦の砂浜

水仙とアロエの花咲く岬はひと足先に春模様

田ノ浦という小さな入り江には西風の影響か無数のテングサが打ち上げられていた。「子どもの頃、テングサを煮詰めた汁を飲まされた記憶がある。虫下しの薬だったと思うけど、まずかった」とガイド氏。

高台から見る柱状節理

四季折々の花が見られる爪木崎花園

寒天の材料となるテングサを、地元では伝統薬としても使っていたのだろう。田ノ浦から山道を少し上って「爪木崎花園」に至る。四季の花々が植えられ、大きな温室ではバナナやパパイヤなどの熱帯植物を鑑賞できる。近くで大勢のウォーカーが楽しげにお弁当を広げていた。腹の虫が鳴きかけたが、ここは我慢。ゴールを目指して先を急ぐ。

4 俵磯

柱状節理が見事な俵磯は爪木崎を代表するジオポイント

5 爪木埼灯台

爪木崎の突端に立つ灯台はロケ地にもなるほど美しい

爪木崎の根っこを南に歩いて再び海岸線へ。波打ち際の道を進むと、柱状の岩が整然と積み重なったように見える「俵磯」に出た。〈俵〉は「柱状節理」といい、堆積した地層に入り込んだマグマが冷えて固まるとき、体積が縮むことによって出来るそうだ。水抜きした田んぼに幾何学的な亀裂が規則的に現れることがあるが、成因はほぼ同じ原理らしい。本州との衝突に伴って伊豆半島が隆起し、その後侵食されて今日の姿になったと考えられている。石柱は俵石と呼ばれ、江戸時代には石材として切り出されていたという。俵磯から坂道を上れば展望台。「まるで鉛筆みたい」。同行者が指さす先を見下ろすと、見事な六角形がびっしりと並んでいる。

爪木崎は海面から高さ50mほどの海岸段丘である。先端には1973(昭和12)年に初点灯した白亜の灯台(高さ17m)が立つ。大海原を望む絶景をしばし楽しんだ後、池ノ段と呼ばれる浜に下りた。夏は群青色の海に面した海水浴場として人気で、冬場は浜に自生する野水仙の群落を目当てに大

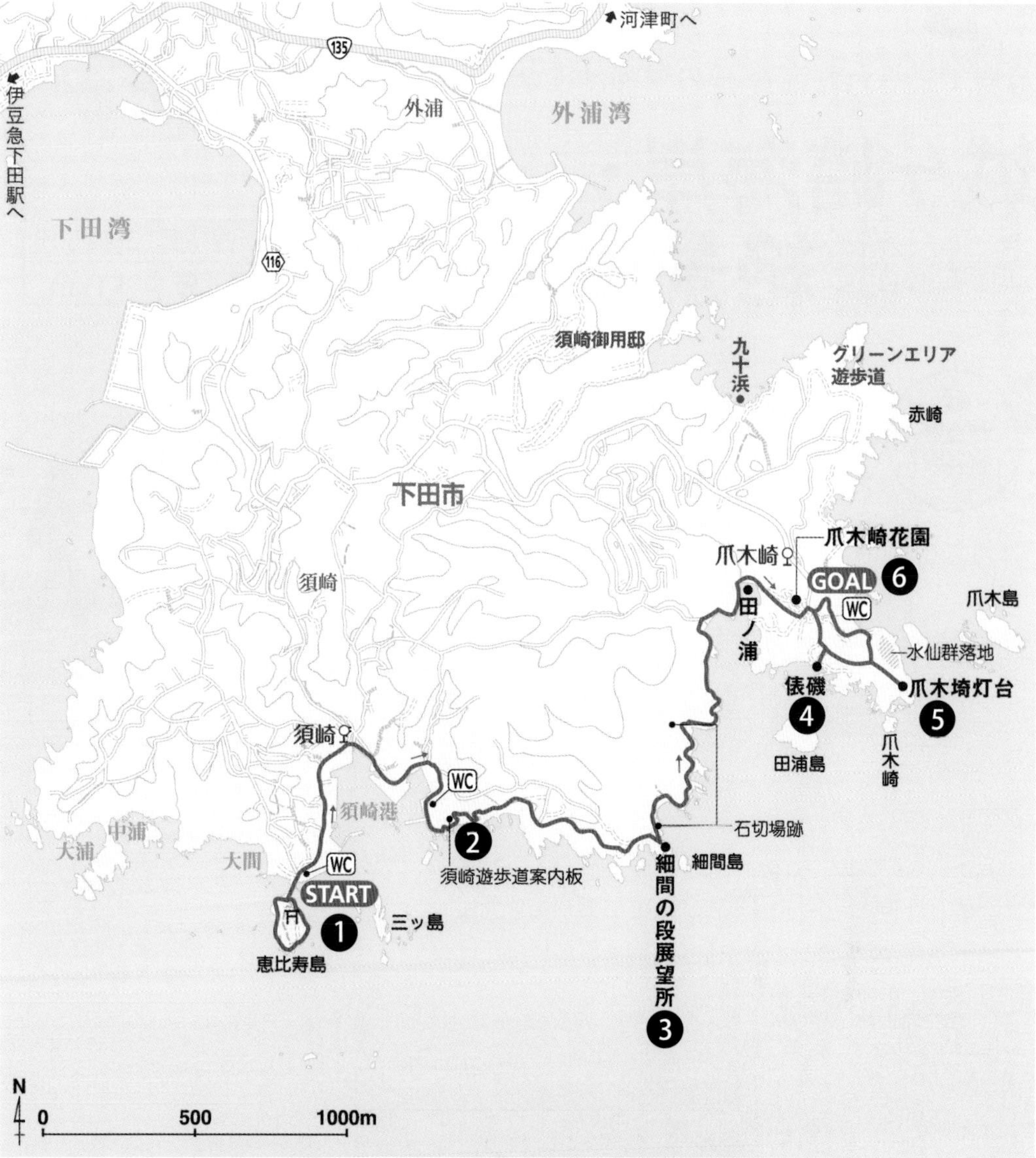

アロエの花と群青色の海

6 GOAL 水仙群生地

爪木崎の冬を彩る野水仙

勢の行楽客が訪れる。300万本ともいわれる水仙の見頃は12月下旬～2月初旬。訪れたときは3分咲きながら水仙の甘い香りが既に漂っていた。大地の歴史や魅力に触れた余韻に浸りながらゴール。一行を下田の海の幸がお待ちかねだ。

ACCESS

- 行き・バス/JR下田駅から須崎海岸バス停まで15分
- 帰り・バス/爪木崎グリーンエリアバス停からJR下田駅まで57分

No.03

溶岩で造られた海岸線のダイナミックな景観を満喫

城ケ崎海岸・絶景ウオーク

じょうがさきかいがん・ぜっけいウオーク

所要時間	3時間50分
距　離	11km

START
1 伊豆急富戸駅
▲約1時間
2 門脇吊り橋
▲約30分
3 蓮着寺
▲約2時間
4 橋立の吊り橋
▲約20分
5 伊豆高原駅
GOAL

源頼朝の子どもと伝わる千鶴丸の遺体を安置し、着物を乾かしたといわれる産衣石

START

1

伊豆急富戸駅

富戸駅から住宅地を下り、県道109号線を渡ると宇根岬は近い

富戸漁港は小さいながら定置網漁で知られる活気のある港だ

吊り橋までの海岸線は眺望抜群の人気コース

伊豆急富戸駅からひとまず宇《う》根《ね》岬を目指して住宅地の中を下る。宇根岬には展望台があって荒々しい海岸線を眺めることができる。近くには産衣石という大きな石が。解説板には次のようにある。伊豆に流された源頼朝は地元の豪族・伊東祐親《すけちか》の三女八重姫との間に千鶴丸をもうけた。だが、平家方である祐親は時の権力者、平清盛に知られては一大事と家来に命じて千鶴丸を川に沈めてしまう。やがて富戸の海岸に流れ着いた亡骸を見つけた漁師が懇《ねんご》ろに弔ったのがこの石の上で、産衣石の名の由来だという。すぐ近くには竜宮神社がある。

宇根岬から南に進むと富戸《ふと》港だ。どこか懐かしい長閑な雰囲気だが、定置網漁で知られている。透明度が高く伊豆半島屈指のダイビングスポットでもある。港としては珍しく夏場は海水浴が楽しめる。

富戸港から海岸線に沿ってしばらく進むとユネスコに認定された「伊豆半島ジオパーク」の道標が現れる。城ヶ崎海岸は伊豆半島のジオポイントの一つで、ピクニカルコースと自然研究路のトレイルがよく整備されたウォーキングコース、「日本の歩きたくなる道５００選」にもなっている。

切り立った岬と入り江がノコギリの歯のようにギザギザ連なるリアス式海岸線で、岩肌は黒々としている。この海岸線をつくり出したのは、約４０００年前の縄文時代に噴火した伊豆半島では新しい火山活動とされる大室山の溶岩だ。噴出した溶岩や火山灰はなだらかな伊豆高原をつくっただけではなく、４~５ｋｍ離れた海まで達した。相模湾に流れ込んだ溶岩は場所によっては海岸線を２ｋｍも沖へ広げたという。黒々とした岩肌は火山活動の新しさの証しだ。

富戸港から15分ほどで「ぼら納屋」に。ここからがピクニカルコースは佳境に入る。そこそこのアップダウンが続く遊歩道の周りはクロマツ、タブノキ、ヒメユズリハ、ヤブニッケイ、エノキ、ヤブツバキ、トベラといった常緑樹がうっそうとした森だが、ときどき視界が開け海が見える。途中、黒船に備えて築かれた砲台跡にも気付くだろう。

ぼら納屋から20~30分歩くと門脇。城ヶ崎海岸を代表する人気の観光スポットで、サスペンスドラマのロケ地としてもお馴染み。見どころは海に突き出した黒々とした岬だ。海面から30mほど切り立った崖には、溶岩がゆっくりと冷えて固まってできる柱状節理がはっきりと見てとれる。観光客の一団に交じって長さ48m、高さ23mの門脇吊り橋を渡る。吊り橋の山側には深い入り江。これは舟形と呼ばれていて、溶岩の中が固まらないまま流れ下った溶岩トンネルが崩落してできたものと考えられている。吊り橋から少し坂を上ったところには門脇埼灯台がある。

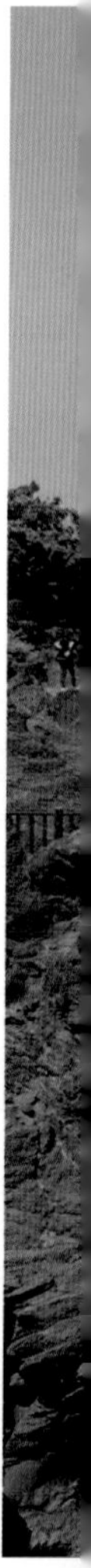

かつてボラ漁が盛んだったころ、見張り小屋として使われていたボラ納屋

白波がたつ海上のあの岩に日蓮上人が!?

門脇から、1時間近く歩を進めると蓮着寺だ。日蓮上人を宗祖とする法華宗の寺院である。寺伝によると1261年(弘長元年)、日蓮上人は鎌倉幕府を批判したことから伊豆国伊東に流罪となった。いわゆる「伊豆法難」である。鎌倉由比ヶ浜から船に乗せられて来て、城ヶ崎海岸の岩礁の上に置き去りにされてしまったが、幸い地元の漁師に救われた。日蓮上人が置き去りにされたと伝わる岩礁は「俎岩《まないたいわ》」と呼ばれ、日蓮崎の海上に見ることができる。1263年(弘長3年)に赦免されるまで日蓮上人はこの地に留まったと伝わる。その後、1508年(永正5年)、正乗院日云が蓮着寺として開山し、今に至っている。

自然の森に囲まれた蓮着寺の寺域は21万坪と広大だ。見どころも多く、中でも「蓮着寺のヤマモモ」は国の天然記念物に指定されている国内最大級のヤマモモである。木肌に石が食い込んだ珍しい「石喰いのモチノキ」も見ることができる。また、蓮着寺はトイレやベンチが開放されている。

2

門脇吊り橋

門脇は伊豆高原で人気の観光スポット。長さ48m、高さ23mの吊り橋はスリル満点

頭をさすれば「ぼけ除け」になるという妙法地蔵尊

3 蓮着寺

蓮着寺の境内でひと際、存在感を示すヤマモモの巨木は国の天然記念物

断崖の左手に見える岩礁は日蓮上人が置き去りにされたと伝わる「俎岩」

アップダウンが延々続く自然研究路

ピクニカルコースは蓮着寺が終点。ここから先は「自然研究路」と名前を変える。同時に人の姿はぐっと減る。しばらく行くとその理由が分かるだろう。うっそうとした森の道は次第に険しくなり、道標がなければちょっと不安になるほど。道標やジオポイントの解説板のほかに人工物らしきものはほとんど見えず、黙々と歩くしかない。

蓮着寺から40分ほどで視界が開け「かんのん浜」に出る。大小の石がゴロゴロしていて歩きにくい。浜から15分ほどで「いがい根」だ。こちらは溶岩が平たく広がるテーブル状の岬で、遠目からは平坦で歩きやすそうだが、実際は名前の通りイガイガしたトゲのような岩場だ。これは、溶岩の表面が冷え固まってできた殻が、流れてくる溶岩に押されてばらばらに砕かれたためにできたという。

城ヶ崎海岸の岬には「びしゃご」「しりいだし」「ばったり」「せいじゃなあ」「さいつな」など面白い名前が付いている。「まる根」「あぶな根」「かさご根」など〈根〉の付く名前も多い。いずれも漁師が名付けたものだという。〈根〉は岩礁や魚類の生息場所といった意味がある。漁師たちにとって航海の目印であったり、漁場を意味したりしているに違いない。この海岸が磯釣りのメッカであることも、それを物語っている。

溶岩がゆっくりと冷えるときにできる柱状節理の幾何学模様が美しい

荒々しい岩場やうっそうとした樹林帯の林床に目を向けると、季節ごとの花が咲く

4 橋立の吊り橋

橋立つり橋は裏手に回る小径があり、つり橋越しに伊豆七島を眺めることもできる

城ヶ崎の海岸林は森林法によって沿岸漁業の保護を目的とした「魚付保安林」に指定されている。その働きとしては土砂の流出を防ぎ海に流れ込む水の汚濁化を防ぐ、海の生物に栄養やエサを供給するなどが挙げられる。城ヶ崎の海域ではブリ、アジ、ソウダガツオ、ボラなど多くの魚が回遊している。豊かな森が豊かな海を育むのだ。

「いがいが根」から1時間半以上上行くと、橋立に着く。遊歩道から鎖の手すりが付いた階段を下りれば、亀甲模様が鮮やかな見事な柱状節理の岩場

5
GOAL

伊豆高原駅

対島川から断崖を落ちる滝。城ケ崎海岸では珍しい淡水と海水が出会う光景

が広がる。海岸の奥には大淀・小淀と呼ばれる潮だまりがあり、磯ガニや小魚が泳いでいた。近くにはスリル満点の橋立の吊り橋。岬をめぐってたどり着いたのは大室溶岩流に生み出された言わばワンダーランド。自然美が織りなす絶景はウオーカーにとってご褒美だろう。

No.04

伊豆高原の人気観光スポット

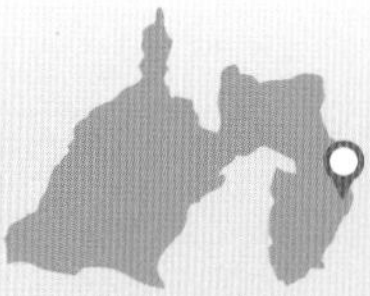

大室山から一碧湖ウオーク

おおむろやまからいっぺきこウオーク

所要時間	3時間10分
距　離	9km

START ① 大室山リフト乗り場 ◀約30分 ② お鉢巡り ▲約10分 ③ さくらの里 ▲約40分 ④ 引手力男神社 ▲約10分 ⑤ 龍雲寺 ▲約40分 ⑥ 一碧湖 ▲約1時間 ⑦ 一碧湖ボート乗り場 GOAL

START

1 **大室山リフト乗り場**

無料の駐車場が隣接しており、
土産物店がある

2 **お鉢巡り**

山頂リフト乗降場から20分
ほどで1周できる

3 **さくらの里**

大室山が美しく見え、春にはサクラ。
火山活動の痕跡も残る

4 **引手力男《ひきたぢからお》神社**

伊豆に流された修
験道の祖・役小角を
祀ったとも伝わる

5 **龍雲寺**

曹洞宗の寺院だが神社の鳥居もある

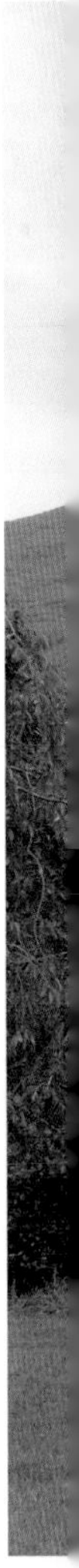

大室山のお鉢巡りは 360度の大パノラマ

伊豆高原のシンボルといえる大室山。緑深い季節なら、まるで巨大な抹茶プリンのような美しいシルエットに目は釘付けだろう。木は1本もなく斜面には萱《かや》が生えているだけ。山の形状がはっきりと見える。これが火山と聞けば誰もが驚くに違いない。

大室山は約4000年前、1回の大噴火により形成された単成火山だ。火口から噴火し吹き上がったマグマのしぶきは冷えてスコリア（岩滓）となり、それが丘状に地表へと降り積もった。標高580mの山頂に立てば、内側がすり鉢状の噴火口跡になっていることが分かる。学術的価値が認められて2010（平成22）年、山全体が国の天然記念物に指定されている。

抹茶プリンも、毎年早春には黒焦げプリンになる。地元で700年余り続く山焼きが行われるからだ。萱の芽吹きを促すためだが、景観維持や風物詩として観光の振興に役立ってきた。ただ、過ぎたるは及ばざるがごとし。1961（昭和36）年の伊豆急行伊豆高原駅の開業で、首都圏から観光客が伊豆高原一帯へ押し寄せ、大室山にも盛んに登った。しかし元々スコリアはもろく、登山によって山肌を著しく傷める結果となってしまった。山体保護のため徒歩での登山は禁止され、山頂へ通ずるのは観光リフトのみ。

今回は大室山のお鉢巡りからスタートした。リフトに乗って約5分。上りの景色は空と草原がメインだが、振り返ると伊豆高原の街並みやシャボテン公園が見える。大室山の麓から流れ出た大量の溶岩はでこぼこの大地を埋め、そこに伊豆高原ができた。さらに一部は海へと達し、荒々しい景観の城ヶ崎海岸をつくったという。お鉢巡りからの眺めは抜群だ。視界は360度。伊豆大島を正面に見て左に房総半島、右には新島や式根島、神津島など

古道を思わせる沼池の遊歩道

沼池にある水のトンネル吉田隧道の史跡

6 一碧湖

約10万年前にできた火口湖はひょうたん型をしている

沼池の畔は葦も多く自然林が残る

が見渡せる。寒い時期には山頂から富士山もきれいに望める。直径300m、深さ70mの大きな噴火口跡を巡るように整備された遊歩道はアップダウンがなく歩きやすい。ゆっくり歩いて20分たらずで1周できる。

下りもリフト。次は麓にあるさくらの里へ向かう。約4万㎡の敷地には約40種1500本の桜が植栽され、9月下旬から翌5月上旬まで約8カ月間、様々な品種の花が楽しめるそうだ。ここには、大室山噴火の際、溶岩に乗って筏のように運ばれたスコリア丘の一部、スコリアラフトなどが観察できるジオポイントもある。

伊豆の自然を満喫 湖畔の遊歩道

さくらの里から一碧湖を目指す。ただルートの県道（池・松原線）は生活道路なのか交通量が多く、車のスピードも速い。歩く時は要注意だ。スギ林の間を20分ぐらい行くと道路沿いに住宅が見えてくる。観光地らしい店はなかった。途中にあった無人の野菜直売所にはバジルやミニキャロットなどが並んでいた。この辺りの地名は十足と書いて「とうたり」と読む。江戸からの旅人の履いていた十足目のわらじの緒がここで切れたからとか、わらじが十足でも足りないくらい険しい山道だからなど由来は諸説あるらしい。

県道沿いにある中華料理店の手前を右にそれ、ここからは里道を一碧湖まで行く。雑木林の間を通る一本道で交通量はほとんどない。さくらの里を出てから約1時間半、一碧湖に到着。

一碧湖は約10万年前にできた火口湖で、ひょうたん型をしており、北西側を大池、南東側を沼池と呼んでいる。湖面に天城の山々が映ることから「伊豆の瞳」と称され、1927（昭和2）年に日本百景に選ばれている。アヒルやカモが羽を休める広場に与謝野鉄幹・晶子夫妻の歌碑があった。夫妻が伊東に住む友人に招かれたのが昭和5年。以後何度もこの地に足を運び数日間滞在して、鉄幹は70余首、晶子は300余首にも及ぶ歌を詠んだ。

大室山から一碧湖ウオーク

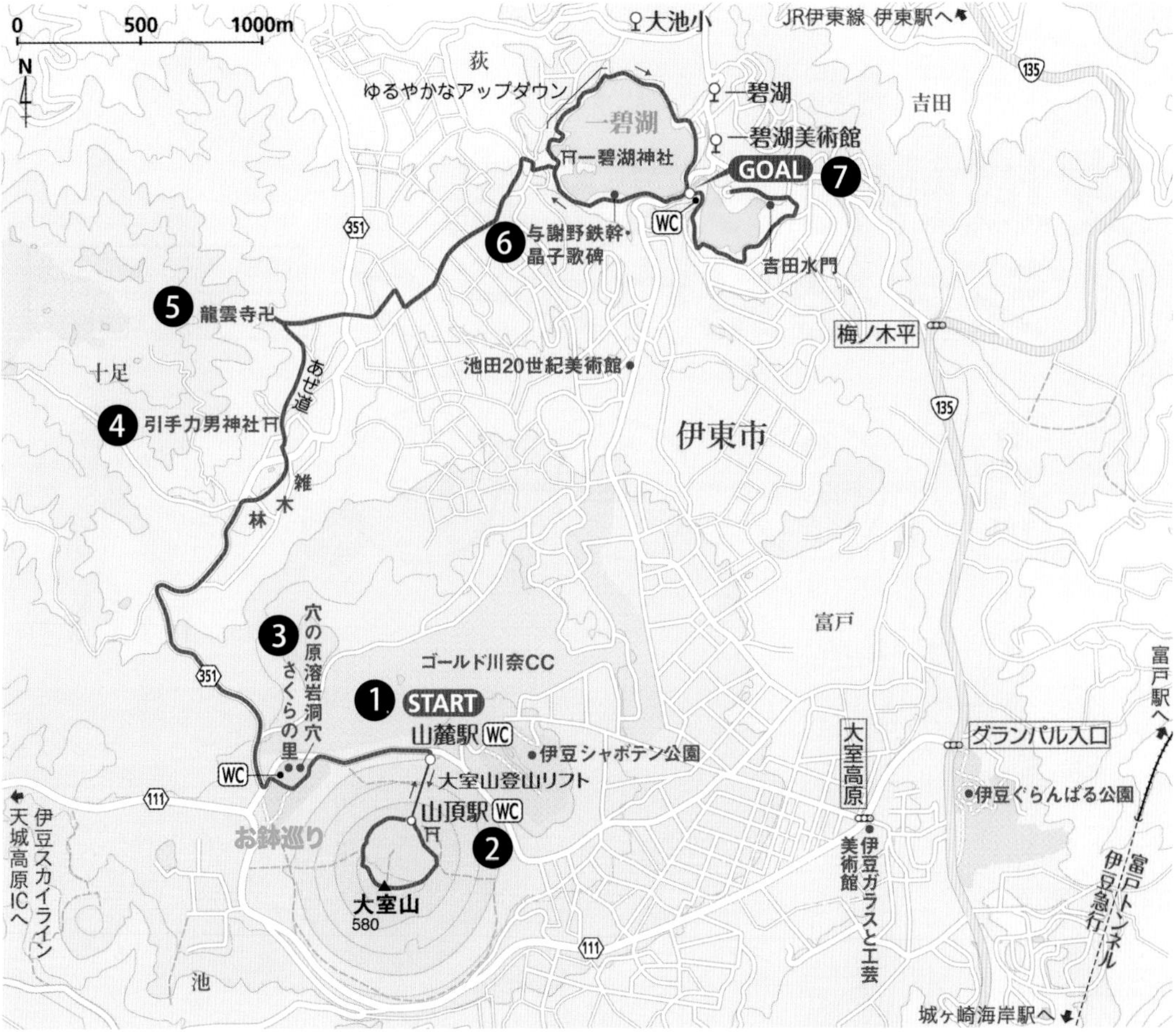

大沼湖畔の水際を歩く

湖上の赤鳥居

ACCESS

- 行き・バス/JR伊東駅から伊豆シャボテン公園まで40分
- 帰り・バス/一碧湖からJR伊東駅まで45分

7
GOAL
一碧湖
ボート乗り場

〈うぐいすが　よきしののめの空に啼き　吉田の池の碧水まさる〉は晶子の歌。

湖畔には約4ｋｍある遊歩道が整備され、折々の自然や湖面の輝きを愛でながら散策できる。葦などで覆われた沼池と、広々とした大池とは対照的な趣。歩き始めたボート乗り場まで約1時間で戻ってきた。うっすらと汗ばみ、頬をなでる風が心地よかった。

No.05

ジオスポット満載の西伊豆を行く

安城岬から堂ヶ島 ジオ発見ウオーク

あじょうみさきからどうがしま じおはっけんウオーク

所要時間	2時間30分
距　離	6.5km

START ❶ 安城岬ふれあい公園 —▲約1時間— ❷ 沢田公園 —▲約1時間— ❸ 三四郎島 —▲約30分— ❹ 堂ヶ島 GOAL

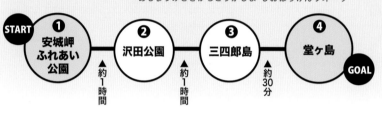

安城岬の山を背景に南国感たっぷりのヤシの木

尾根に出るとウバメガシの道

START

1

安城岬ふれあい公園

公園は市民の憩いの場であり、緊急ヘリポートでもある

海底火山の名残をつぶさに眺める

東海バスの仁科車庫バス停から10分ほど歩くと「安城岬ふれあい公園」だ。今回のスタート地点である。ダイオウヤシが何本も立っており南国を思わせるが、ここは西伊豆である。広場の向こうに緑が眩しいこんもりとした山が現れる。山際に木の階段が設けられており、ここが安城岬の入口だ。

安城岬は駿河湾に突き出した標高70m弱の細長い岬だ。戦国時代、小田原北条氏の支配下にあった伊豆水軍の基地のひとつで、仁科の土豪・須田対馬守久盛が、この岬に山城を築いたと伝わる。今は、岬全体が海浜公園となっており、全長3kmほどの遊歩道が整備されている。運が良ければ堂ヶ島越しに富士山が見えるらしい。

遊歩道の周りは、温暖な地を好むモチノキ、ヤブツバキ、タブノキといった照葉樹が目立つ。汗をかき、息が上がってきた頃、尾根道に出ると備長炭の原料であるウバメガシの群落が現れる。森を抜け、下っていくと視界が開け岬の突端に出た。海底火山の名残そのものの風景で、どこかSFっぽくもある。先端の大きな亀の形をした「亀甲岩」は、安城岬のシンボル的な存在だ。

1時間余りの岬めぐりの後、仁科漁港へと向かう。国道136号を避けて、海沿いの道を歩くと、臨済宗の法眼寺に至る道がある。伊豆八十八ヶ所霊場の第84番札所だ。寺伝によると、かつては小さな庵だったが慶長の大地震と津波によって壊滅。享保年間になって旅の僧・幽厳によって再興されたという。境内の石段を上った天王神社で、毎年7月16日に行われる「天王様のお注連縄あげ」は、地元の重要な祭りになっている。

仁科漁港は、安城岬の懐に抱かれた穏やかな港だ。一本釣りによるイカの水揚げは県内一で、漁協直営の「沖あがり食堂」で自慢のイカ丼を堪能できる。西伊豆町は国内有数の

安城岬の突端はSFの世界のよう

地元民の信仰を集める天王神社

仁科漁港の船溜まり

テングサ干しは西伊豆の初夏の風物詩

テングサ産地としても知られる。訪れたのは、ちょうどテングサ漁の季節。浜では漁師たちが天日干し作業に忙しそうだった。「写真、いいですか」と声をかけると「ああ、いいよ」と応えてくれ、しばしのテングサ談議。こうした地元の人たちとのふれあいも歩き旅の楽しみだ。

夕日のまち西伊豆町
夕暮れ時に来るのもいい

漁港の船溜まりを回り込むと「枯野公園」である。伊豆半島ジオパークのジオポイントのひとつで、鍛冶屋浜という小さな入り江の岩山は、海底火山の噴火に伴う水底土石流や、海底に流れ出した水中破砕溶岩の地層だという。海底に降り積もった白い火山灰の一部は、柔らかいうちに地殻変動の力が加わって変形し、蛇がうねったように見える。

枯野という地名は、実は日本最古の歴史書『日本書紀』に登場する。15代応神天皇の時代、「伊豆国に命じて船を造らせると、長さ10丈(約30m)の船ができた。海に浮かべると、軽く滑るように走った。その船を枯野と名付けた」とあり、その造船所があったのが、ここ枯野だというのである。それを裏付けるかのように、昭和初めに行われた港湾工事で、伊豆半島最古の弥生式土器が出土し、大きな黒曜石も発見されている。

枯野公園から、少し歩けば「沢田公園」。ここも海底火山

2 沢田公園

ジオガイドさんの案内で枯野公園の鍛冶屋浜を歩く

の噴火による水底土石流や、海底に降り積もった軽石・火山灰層がつくった景観の地だ。そして温泉好きなら誰もが「ンッ！」とそそられる町営の絶景露天風呂がある。水平線に沈む夕日を眺めながら湯に浸かりたいという欲望を何とか振り切って歩を進める。途中に、「白岩山岩壁窟画」（西伊豆町指定文化財）があった。火山灰層の小さな丘を掘り抜いてつくられた岩窟に仏像が描かれている。鎌倉時代のものと考えられているが作者不詳だという。

　岩窟と民家の間の小路を抜けると乗浜海水浴場。有名な堂ヶ島は目と鼻の先、奇岩に囲まれた150ｍほどの砂浜が広がる。波は穏やかで透明度も抜群。同行者は砂浜で見つけた黄色い海藻に興味津々。どうやら、大人を童心に戻してしまう魔術があるようだ。乗浜から国道136号をしばらく行くと堂ヶ島だが、ここはいったんスルーして三四郎島のトンボロを目指す。堂ヶ島から500ｍほど歩くと「瀬浜海岸」の道標が立つ。

かつての海底火山の地層が残る

眺めのいい露天風呂がある沢田公園

小笠原諸島の海底火山の噴火で流れ着いた軽石

3

三四郎島

三四郎島と干潮時に現れるトンボロ

マグマの通り道 三四郎島へ歩いて渡る

道標にしたがって急な坂道を下っていくと石がゴロゴロとした瀬浜に出る。200mほど先に浮かぶ小さな島々は伝兵衛島、中ノ島、沖ノ瀬島、高島。見る角度によって3つにも4つにも見えることから「三四郎島」とも呼ばれている。これらの島々はマグマの通り道である「岩脈」の群れなのだという。瀬浜と三四郎島との間には、干潮時になると石礫の〈道〉が現れる。この現象が「トンボロ(陸繋砂州)」。ただし、10月〜2月にかけて日中に潮が大きく引くことはないため、目にできるシーズンは例年3月辺りから。西伊豆町のウェブサイトに年ごとの潮位表が掲載されるので参考としてほしい。

三四郎島の名前の由来については、こんな伝説もある。源氏の家来であった三四郎という若武者が平氏の追っ手を逃れて中ノ島に身を隠していた。そこへ源頼朝挙兵の報。三四郎を慕う仁科の豪族の娘・小雪が海に入り、中ノ島へ渡ろうとするが、大波にのまれて死んでしまう――。何ともやるせない悲恋物語だ。

堂ヶ島は、海岸線の美しさで知られ〈伊豆の松島〉ともたとえられる西伊豆屈指の景勝地。伊豆半島が海底火山だった頃、海の底に降り積もった火山灰や軽石、火山噴火で巻き込まれた泥や砂の水底土石流の地層が本州に衝突するとともに隆起した。その後の浸食によって自然の造形美が生まれた。生成過程と地形は世界中の海底火山研究者から注目されているという。

一帯を周回できる遊歩道も整備されており、海底火山の痕跡を体感できる。なかでも国の天然記念物になっている「天窓洞」は見どころのひとつだ。海底火山の噴出物が隆起し、波の浸食で洞窟(海食洞)ができ、最後に天井が崩れ落ちて天窓が空いた。遊歩道からも眺められるが、できれば洞窟めぐりの

三四郎島への浜は石がゴロゴロしていて歩きにくい

白岩山岩洞壁窟の壁画

岩洞はかつての火山灰を掘ったもの

乗浜海水浴場から眺める堂ヶ島

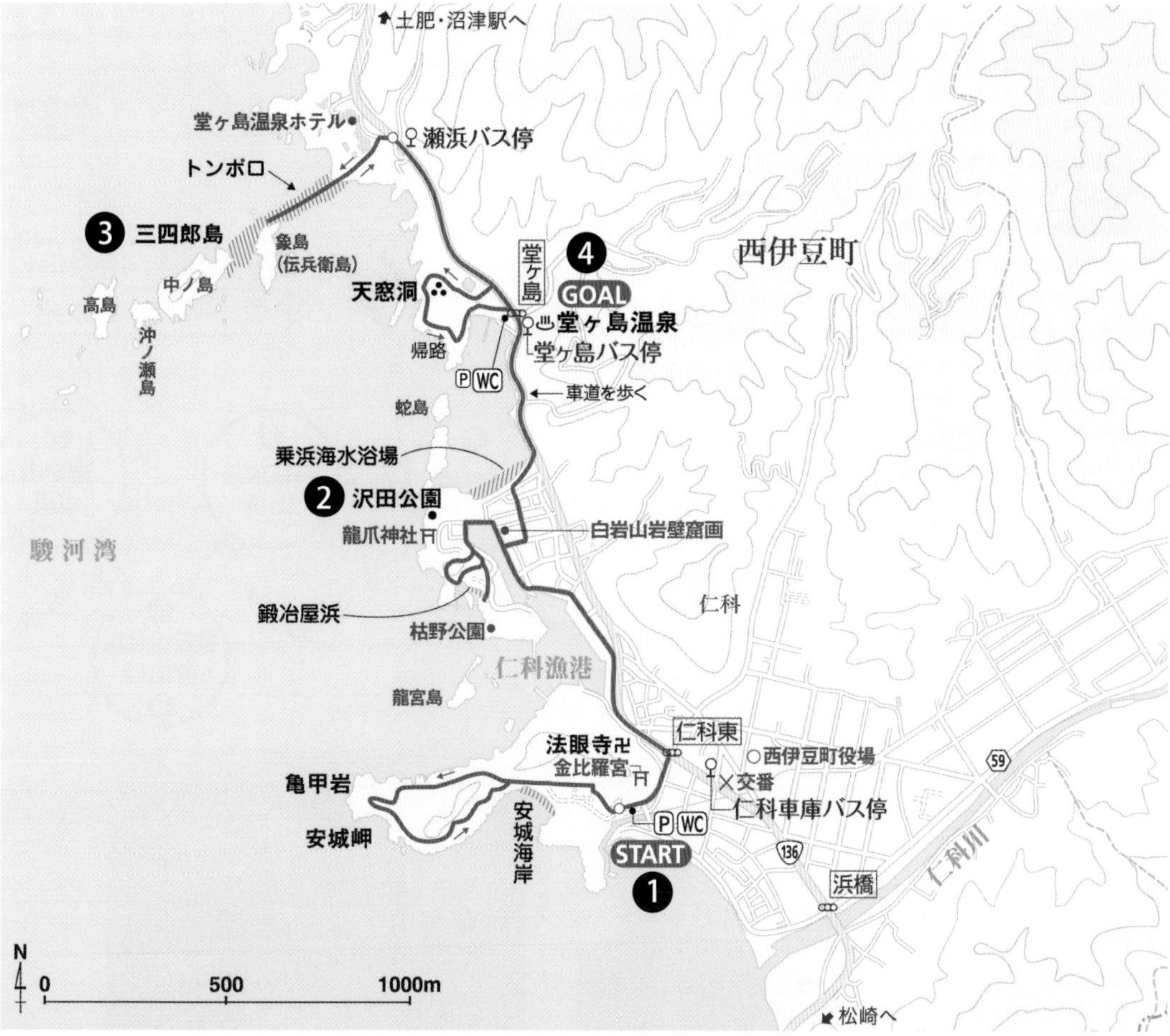

神秘的な表情を見せる天窓洞

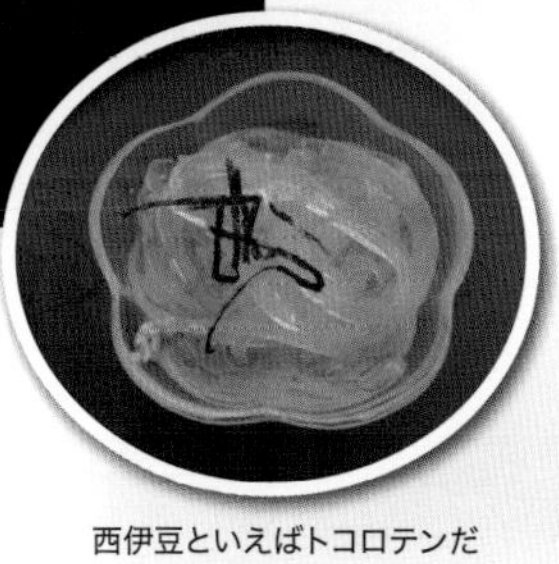

西伊豆といえばトコロテンだ

ACCESS

- 行き・バス/JR下田駅から仁科車庫まで54分
- 帰り・バス/堂ヶ島からJR下田駅まで1時間14分

4 GOAL

堂ヶ島

西伊豆屈指の観光地はジオ再発見の地

遊覧船に乗ることをお勧めしたい。季節や天候、時間によってさまざまに変化する水の色は実に神秘的だ。

堂ヶ島を満喫したら、やはり最後は地元名産のテングサを原料としたトコロテンを食したい。歩き疲れた体を三杯酢がシャキッとさせてくれるだろう。

No.06

溶岩で造られた海岸線のダイナミックな景観を満喫

金冠山から達磨山ウオーク

きんかんざんからだるまやまウオーク

所要時間	4時間5分
距　離	10km

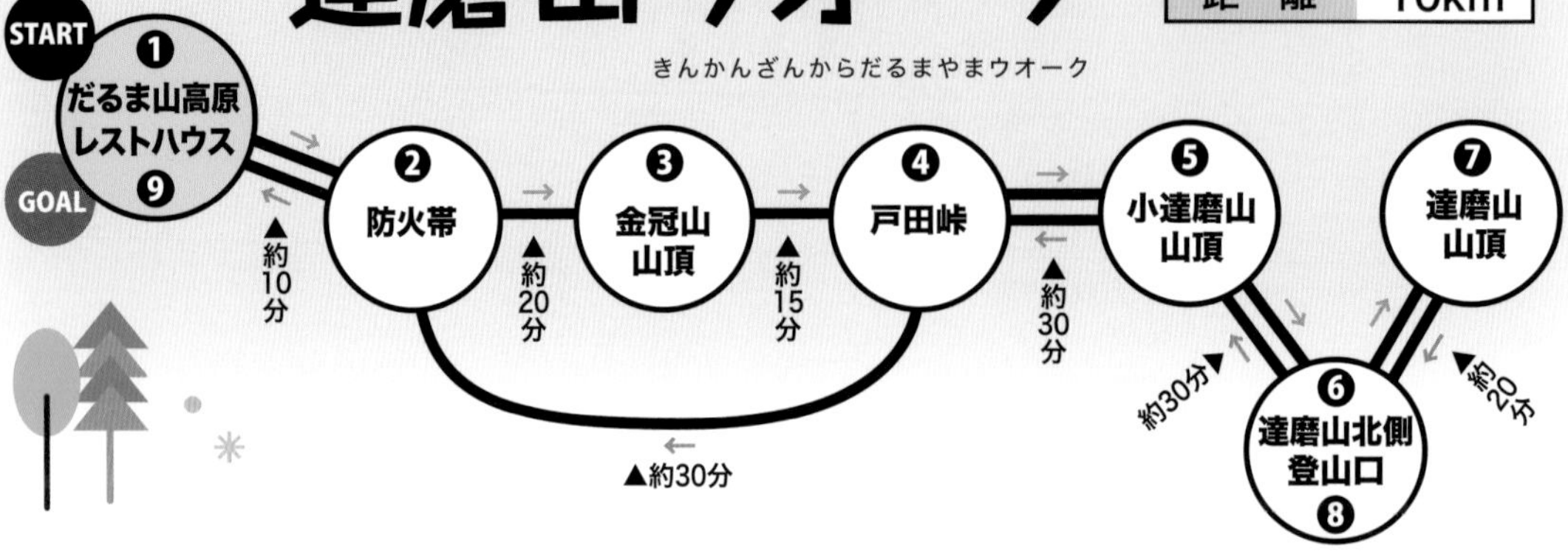

START 1 **だるま山高原レストハウス**

軽食も食べられ、ロッジやキャンプ場も併設している

2 **防火帯**

「富士見コース」とも呼ばれる広い防火帯の道

天気が良ければ山頂から富士山の絶景が

伊豆の国市修善寺から県道18号線（修善寺戸田線）を沼津市戸田に向かって車を走らせると、標高500mほどのところに「だるま山高原レストハウス」がある。駿河湾越しに富士山が見える絶景スポットとして知られ、観光客や登山客の休憩所として人気がある。近くにはキャンプ場もあり、アウトドアの拠点にもなっている。

金冠山山頂 3

「沼津アルプス」や内浦の
淡島が一望できる

ここに残る歴史的エピソードを紹介しよう。欧州で第二次世界大戦が勃発した1939(昭和14)年、当時の鉄道省が米国ニューヨークで開催された万国博覧会に富士山の絶景写真を出品しようと考えた。そこで小西六写真工業(現コニカミノルタ)に巨大な写真パネルを発注。その撮影ポイントこそ、今のレストハウス付近だったというのだ。果たして、縦8・2m×横32・7mの大迫力のパノラマ写真はニューヨーカーから喝采を浴びたとか。天気さえ良ければ、80年以上前と同じような美しい富士山が望めるはずなのだが、残念ながら雲がかかっていた。

北側の眺めがいい

レストハウス前の駐車場に車を止めて歩き出す。まず目指すのは金冠山《きんかんざん》(標高816m)だ。出発点からの標高差は300mほど。それほど厳しくはなく、登山道は道標がしっかりと整備されている。時期は12月初旬、冬枯れが進む風景の中で、赤いマユミやガマズミの実が鮮やかだった。

　金冠山への道は緩やかに高度を上げていく。しばらく樹林帯を進むと、やがて登山道とは思えないほどの広い芝生の道が現れた。調べてみると、山林火災の延焼を防ぐ防火帯だった。「富士見コース」と呼ばれる道は広々として気持ちがいい。途中に達磨山との分岐があるが、道標に従って金冠山へ。ただし、麓から山頂までは木製の階段になる。急登というほどではないが、少し息が上がってくる。

　金冠山山頂に立つ頃、雲行きが怪しくなってきた。眼下に駿河湾、その先に愛鷹山、富士山、さらに南アルプスと、雄大な眺望を楽しみに来たのだが、どうやら駄目なようだ。それでも一定の高度感は味わえる。達磨山を主峰とする南北に連なる山稜の北端に位置する金冠山は、駿河湾や「沼津アルプス」と呼ばれる静浦山地が眺められる絶景スポット。マメザクラの群生地としても知られ、花は4月中旬～下旬にかけて見頃を迎える。

　来た道を山頂から戸田峠（標高725m）まで下り、達磨山へ向かう。ササやススキの道を進むと緑の樹林帯となる。

4 戸田峠

金冠山から達磨山へ向かう途中にある戸田峠

小達磨山を過ぎると行く手に達磨山が見えた

アセビの森

〈アセビ街道〉とも呼ばれる常緑樹のアセビの森だ。くねくねとした樹形は登山道を覆い独特の雰囲気を醸している。アセビは漢字で馬酔木と書き、毒がある。文字通り馬が葉っぱを食べると酔っぱらったようになることから、その名が付いた。天城山など伊豆の山域でよく見られる樹木で、春の彼岸の頃には小さな白い花をびっしりつける。伊豆半島ではシカの

戸田峠からは緩やかな上りが続く

5 **小達磨山山頂**
小達磨山の山頂部は木々に覆われて眺望はない

6 8 **達磨山北側登山口**
西伊豆スカイラインに出たところに北側登山口がある

食害が深刻だが、シカもアセビには手を出さないらしい。代わりにサラサドウダンやリョウブといった植物が食い荒らされる。遠くない将来、森は被害に遭わない植物だけになってしまうかもしれないと危惧する声もある。

　アセビの森を抜けササの原に出ると、急に視界が開けた。もう少しで小達磨山（標高890m）だが、山頂の趣がまるで感じられない。木々に覆われて眺望が利かないのだ。小達磨山を過ぎると再び視界が戻り、行く手に達磨山（標高981m）の頂きが見えた。いったんササ原の道を下って西伊豆スカイラインに出る。道を渡れば達磨山北側登山口だ。

長い長い階段を上った先に見たものは？

　登山口付近から達磨山を見上げると、所々に木立があるが、後は一面のササ（ミヤマクマザサ）の原っぱで、まるで高原といった感じ。伊豆半島ジオパークのジオガイド氏から「駿河湾から吹き上がってくる強風で樹木が育ちにくい」と聞いたことを思い出した。しばらくは緩やかな土道が続き、遮るものはなく伸びやかな気分になる。大げさに言えば鳥になったような浮遊感がある。

　しかし、そんな気分も途中で吹き飛んでしまった。目の前に木製の階段が現れ、しかもうんざりするほど長い。登山では階段が苦手という人は少なくない。段差が足腰に負担をかけるし、ペースを乱すからだ。とにかく息が上がったら一休みしてまた歩き出すということを繰り返しながら高度を稼ぐしかない。休み休み階段を上がってようやく山頂にたどり着いた。

　ササの原に取り囲まれた山頂は、それほど広くはなく黒々とした岩がむき出しなっている。ここで一等三角点が目に入った。伊豆半島に3ヶ所あるひとつで、記念にタッチしておいた。ちなみに後の2つは、天城山脈の最高峰である万三郎岳《ばんざぶろうだけ》（標高1406m）と、松崎と南伊豆の町境にある暗沢山《くらさわやま》（標高520m）だ。ここから南に向かうと古稀《こき》山、伽藍山《がらんやま》と800〜900m級のなだらかな山稜が続く。

7
達磨山山頂
「十三国峠」とも呼ばれる
360度パノラマの達磨山山頂

三方を山に囲まれ、砂嘴が特徴的な戸田

一等三角点に
タッチ

天城峠と修善寺虹の郷を結ぶ約43ｋｍのロングトレイル「伊豆山稜線歩道」の一部でもある。

達磨山は伊豆半島ジオパークのジオサイトとなっている。天城山とともに伊豆を代表する大型火山で、およそ100〜50万年前の噴火で誕生した。山頂の黒々とした岩も火山の記憶である。達磨山の西側からは、鳥の嘴《くちばし》のような砂嘴《さし》と呼ばれる岬を持つ戸田が俯瞰できる。三方を急峻な山に囲まれた扇状地に形成された農漁業のまちで、達磨山との関わりも深い。駿河湾に面した西側斜面は、火山活動の後に長い時間をかけて侵食され、大きくえぐられた谷間ができた。それが戸田である。

達磨山の山名は、座禅した達磨大師に似ていることに由来する。低山ながら360度の展望の良さから別名「十三国峠」といわれる。伊豆・駿河・安房・相模・武蔵・甲斐・信濃・遠江・三河・尾張・伊賀・伊勢の十三国が見渡せるというのだ。山頂でおにぎりを食べていると、心配した雨がパラついてきた。この日の展望は伊豆・駿河に限られたが、機会があれば何回でも登りたくなる山である。

達磨山を下り、来た時と同じ道を歩いて「だるま山高原レストハウス」に戻った。展望台からもう一度確認したが、とうとうこの日、富士山は顔を見せなかった。シカ肉のジビエ丼を味わって山行を終えた。

9
GOAL
**だるま山高原
レストハウス**

レストランで食したジビエ丼

ACCESS

- 行き・バス/JR修善寺駅からだるま山高原レストハウスまで27分
- 帰り・バス/だるま山高原レストハウスからJR修善寺駅まで約30分

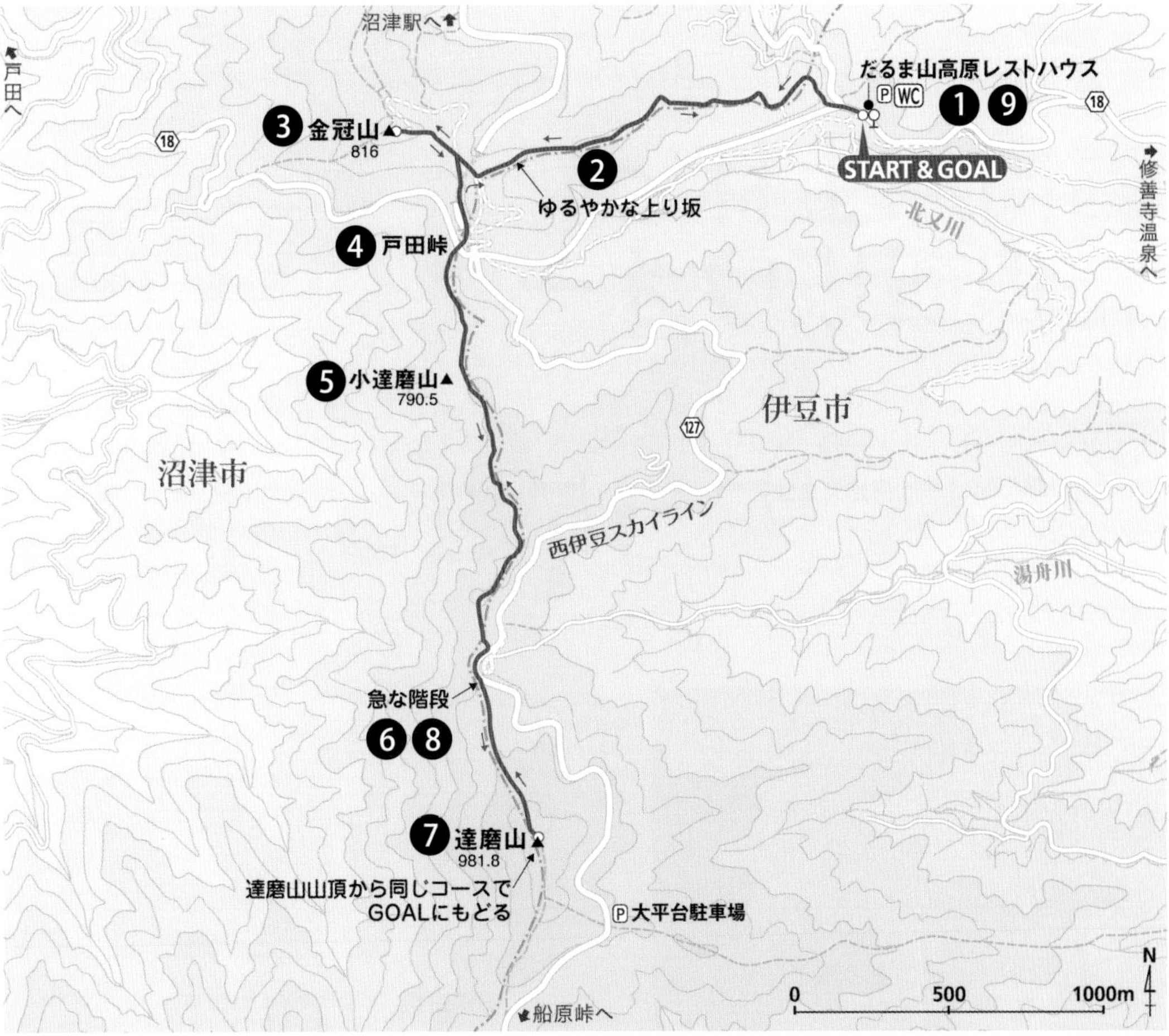

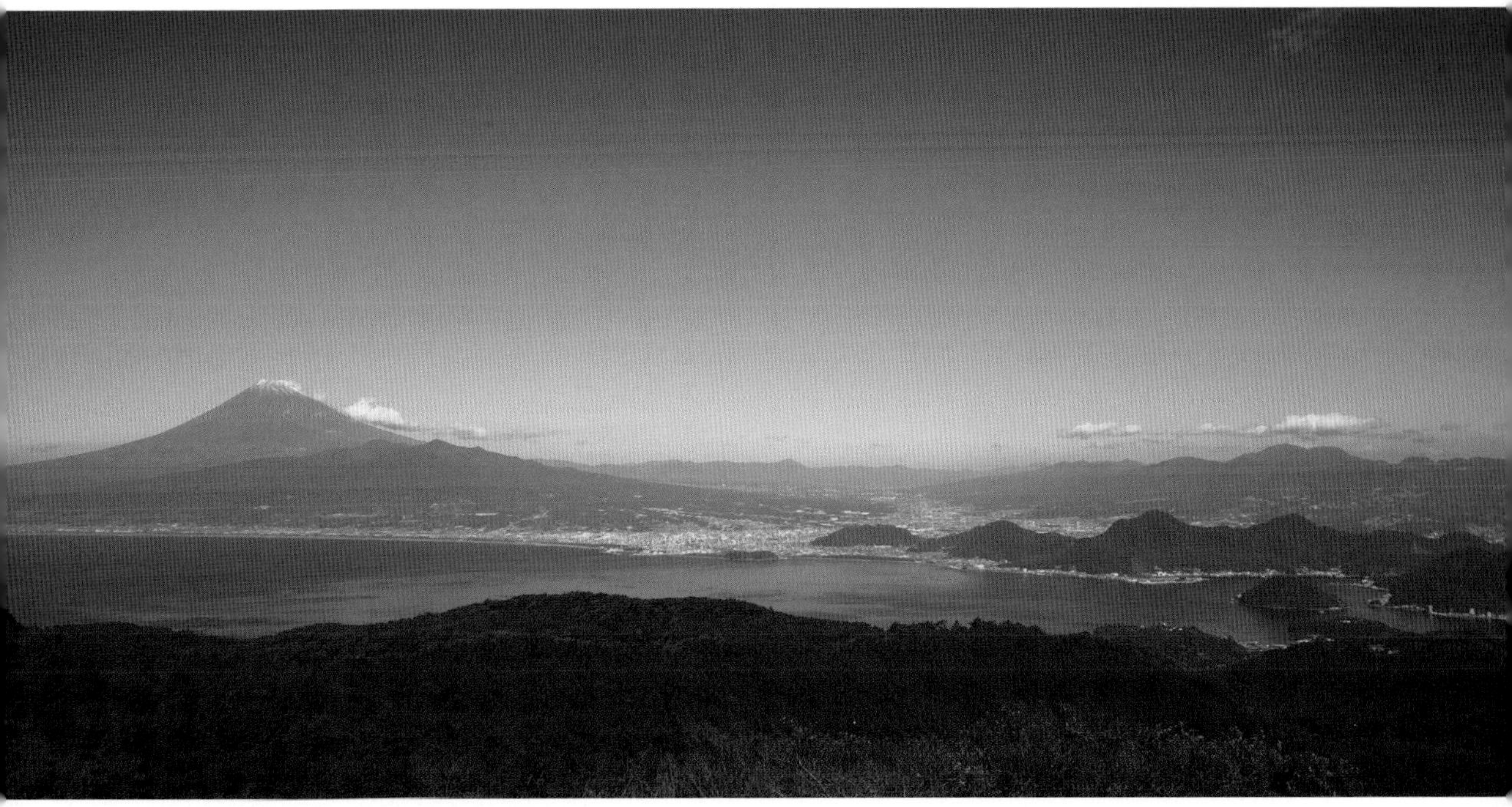

だるま山高原レストハウスから眺める某日の風景

No.07

多種多様な植物がうっそうと茂る神秘的な森

函南原生林と箱根西坂ウオーク

かんなみげんせいりんとはこねにしざかウオーク

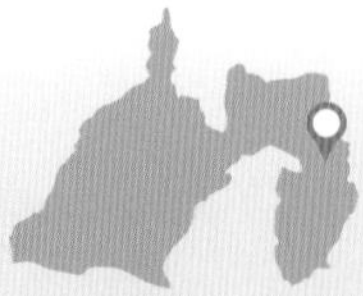

所要時間	4時間
距　離	14km

START ① JR函南駅 ▲約1時間 ② 月光天文台 ▲約1時間 ③ 原生の森公園 ▲約2時間 ④ 山中城跡 GOAL

だらだらと長い坂道が続く。「原生の森」の道標だけが頼りの単調な道程

START 1

JR函南駅 売店もない小さな駅だが、鉄道の歴史を刻む駅

スタートから上り坂が続くここが踏ん張りどころ

函南駅はこぢんまりとした駅だ。駅前には商店街はおろかコンビニもない。というのも、函南町の北東の外れに位置し、町役場のある中心部から３ｋｍ近く離れているのだ。１９３４（昭和９）年に開通した丹那トンネルの西側の工事基地だった場所で駅設置の予定はなかったが、地元の請願によって駅が設けられたといういきさつがある。

函南町は伊豆半島の付け根に位置しており、東は熱海市、西は三島市、そして北は神奈川県箱根町と接している。函南とは、函嶺（箱根の異称）の南に位置することに由来している。

函南駅から北東方向、箱根の山に向かって歩き出す。地図を広げると近くの谷を冷川が流れているはずだが、民家や木々に遮られて見えない。ひとまず４・５ｋｍほど先にある「月光天文台」を目指す。県道１４１号に出て東海道本線のガードをくぐり、大きな住宅団地

路傍のアジサイが慰めにもなる

2

月光天文台 畑が広がるなかに突如として現れる「月光天文台」

3

原生の森公園

アカガシやブナの巨木、
ヒメシャラを始めとした
原生の風景がある

函南原生林の核心部への入口は、この「不伐の森」の石碑

の脇を進む。ほぼ一本道のだらだらとした上りが続く舗装路だ。

民家が途切れると一面の畑で、その中に突如として月光天文台が現れる。標高300m余りのところにある一般公開されている民間の天体観察施設で、プラネタリウムや、天体望遠鏡による観望会も開かれている。1975年に開設された。〃月光〃の名は、この天文台で発見された小惑星にちなんでいるという。

月光天文台から、さらにゴルフ場脇の舗装路を上っていくこと約1時間、やっと「函南原生林」の入り口にたどり着いた。標高は約560m、函南駅が100m弱だから、2時間余りかけて標高差450mほどを上ってきた計算になる。とりあえず「原生の森公園」の展望台でおにぎりを頬張った。

林道中尾線は植林地の道だが、よく手入れされた気持ちのいい道だ

3 原生の森公園

ガスに包まれ神秘的な原始の森

函南原生林は、箱根外輪山のひとつ鞍掛山の標高840m付近の南西斜面から来光川上流域の550m一帯に広がる23haの自然林だ。この森は、かつて「箱根禁伐林」と呼ばれ、樹木の伐採やたきぎ取りなどが一切禁じられ、この森を源流とする来光川下流域の水源涵養林としての役割を果たしてきた。

「不伐の森」の石碑から歩き始めると、間もなく「観察広場」で、「学習の道」のコースマップが見える。学習の道は1周約2kmで、標高差150mほど。コースタイムは2時間〜2時間30分とある。

斧を知らない森は、原始の風貌そのままだ。この日、下界は薄曇りだったが、森は霧に包まれ潤んでいた。墨絵のような景色の中でひと際、目を引くのが赤褐色の艶やかな木肌をしたヒメシャラだ。また、カエデやブナ、ケヤキ、リョウブ、ヤマボウシなどの落葉樹に混じってアカガシやヤブニッケイ、ウラジロガシといった常緑樹が混在する希少な植生の森だ。この森は巨木の森でもある。遊歩道からは推定樹齢700年のアカガシの巨木を見ることができる。

箱根西坂の石畳は濡れると滑りやすい

近くには同い年のブナの巨木もあったが、残念ながら2005年に倒れてしまったという。

学習の道をほぼ1周したところで「林道中尾線」の道標が現れる。見落とさないようご注意を。ここから原生林に別れを告げ、林道中尾線へ。途中から舗装路になるが、1時間ほどで旧東海道の石畳に出る。その脇には、「雲助徳利の墓」。一説には墓の主は武家出身。終生酒を愛した男で面倒見がよく仲間から慕われていたと伝わる。

国道1号線を背に下っていくと、山中集落だ。箱根西坂では最も標高の高いところにある集落で、江戸時代には街道を往来する旅人相手の茶屋が建ち並ぶ間《あい》の宿《しゅく》として賑わった。

戦国時代に遡ると小田原北条氏の山中城があった地だ。駒形諏訪神社の石段を上った先が山中城址。北条氏が西への最も重要な備えとして築いた大規模な山城だ。1590（天正18）年、豊臣秀吉の軍勢によって半日で落ちたと伝わる。近くの宗閑寺には戦死した両軍武将の墓がひっそりと佇んでいた。

徳利が刻まれた雲助徳利の墓には酒が供えられていた

ACCESS

● 帰り・バス/山中城跡からJR三島駅まで36分

4 GOAL

山中城跡

小田原北条氏の山城であった山中城跡は国の史跡になっている

No.08

黄金色の稲穂とパワースポットめぐり

御殿場市の名所旧跡ウオーク

ごてんばしのめいしょきゅうせきウオーク

所要時間	3時間10分
距　離	16km

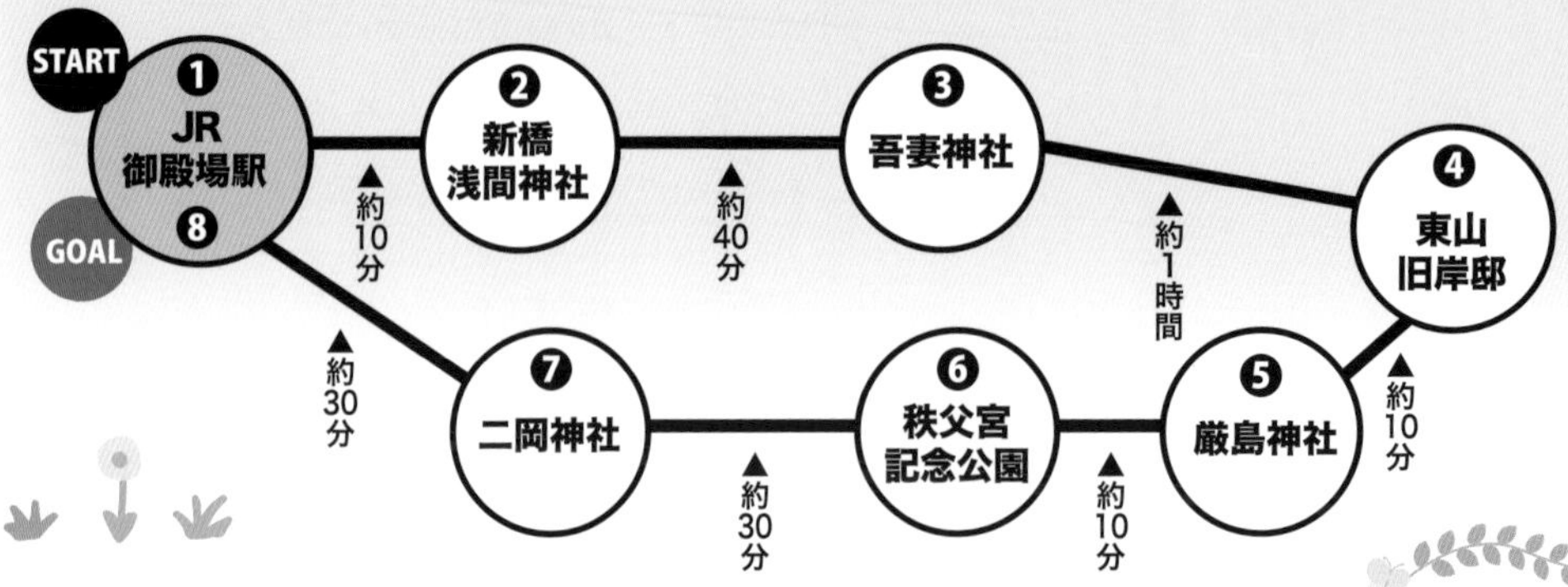

START
1
JR御殿場駅
明治22年に開業した歴史ある駅

2
新橋浅間神社
神社の境内に湧き出す水は雑味がなくまろやか

健脚を祈願し名水を飲んで出発

1932（昭和7）年の夏、中央気象台（現気象庁）に入庁ほやほやの藤原寛人という職員が御殿場駅に降り立った。富士山頂に気象観測所を設けるための一員として派遣された彼は、後に新田次郎として作家デビュー。著書「強力伝」の中で、富士講の行者や登山客、宿の客引きなどでごった返す駅前の様子を描いている。1883（明治16）年に富士山東表口登山道が開け、1889（明治22）年に東海道本線の御殿場駅が設けられたことで御殿場は一気に富士山の玄関口として賑わった。

3

吾妻神社

徳川家康の「御殿」
になる予定だった地

どこか山小屋風の駅舎を後に、富士山口から駅前の飲食街通りを進むとビルの間に霞んだ夏の富士山がぬっと現れた。

駅から10分ほどで新橋せせらぎ公園があり、赤い鳥居をくぐると新橋《にいはし》浅間神社（富士山東表口参道宮）だ。創建は不詳だが、鎌倉時代の1193年に源頼朝が富士の巻狩りの際に創建したとも伝わる。主祭神は木之花佐久夜毘売。7月1日の富士山開山式では健脚祈願の大わらじを奉納する「わらじ祭り」が行われる。縁結びの社でもあるらしく、最近、「恋人の聖地」（NPO地域活性化支援センターのプロジェクト）に認定されたとか。

とりあえず健脚を祈願して参拝。歩き出そうとしたら拝殿の脇にポリタンクやペットボトルを持った人たちがいた。聞けば「木の花名水」と呼ばれる富士山の地下水で近所の人たちの水汲み場になっているようだ。「どうぞ、飲んでみて」と言われるまま掬った水は冷たく、雑味のない柔らかい水だった。

新橋浅間神社から県道394号線に出て小山町方面に向かって歩く。目指すのは吾妻神社で、実は「御殿場」という地名の由来になった場所だ。徳川家康が最晩年に現在の吾妻神社一帯に隠居所となる御殿の造営を命じた。存命中に完成することはなかったが造営は継続された。その後、小田原藩の領地に編入され藩主が巡検や鷹狩りの際に使っていたようだ。

4

東山旧岸邸

母屋に続く道には京都を
思わせる美しい竹林が

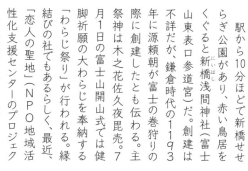

5

厳島神社

箱根山麓にある江戸時代に勧進された神社

6

秩父宮記念公園

自然や山を愛した秩父宮親王の遺産

秩父宮親王の像は富士山を見ている

吾妻神社から、今度は箱根方面に向かう。しばらく歩くと人家はまばらになり、一面黄金色に輝く田んぼが広がっていた。ブランド米の産地である御殿場のもうひとつの風景である。以前、地元のコメ農家に「御殿場は水が良くて、昼夜の寒暖差が大きいからコメも旨くなる」と聞いたことがある。富士山や箱根山が生み出す清冽な水を利用したワサビ栽培も盛んだ。御殿場や小山、裾野一帯は「御厨《みくりや》」とも呼ばれる。御厨とは台所の意味で、かつて伊勢神宮の荘園だった頃の名残である。

山野草の数々に心癒やされて

御殿場線の踏切を渡り、鮎沢川を越える。さらに東名高速道路をくぐってしばらく歩くと緑が濃くなる。箱根山麓の東山だ。ここには、岸信介元首相の自邸として1969(昭和44)年に建てられた「東山旧岸邸」がある。2003(平成15)年には御殿場市に寄贈され、一般公開されている。管理釣り場として知られる東山湖の裏手には厳島神社がある。案内板によれば、寛文年間(1661〜73)の初め、大坂屋長右衛門という人物が東山新田を開墾した際に安芸国厳島神社より勧請し奉祀したことが始まりという。参道の杉並木が見事だ。

東山湖からしばらく歩くと欧米風な煉瓦塀とこんもりとした森が現れる。「秩父宮記念公園」だ。昭和天皇の弟である秩父宮雍仁《やすひと》親王と勢津子妃が1941(昭和16)年から約10年間住んだ別邸で、1995(平成7)年に亡くなった勢津子妃の遺言によって御殿場市に贈られ、2003年に開園した。ヒノキ林に囲まれた園内では四季折々の山野草が楽しめる。

秩父宮記念公園から20分近く歩いた鬱蒼とした森のなかに二岡《にのおか》神社が鎮座している。創建は日本武尊の東征までさかのぼると伝わる古社だ。鎌倉時代には将軍家の崇敬を集め、その後、領主となった大森、北条、大久保氏などの祈願所となった社でもある。案内板に、黒澤明監督の「七人の侍のロケ地」とあった。二岡は、明治時代

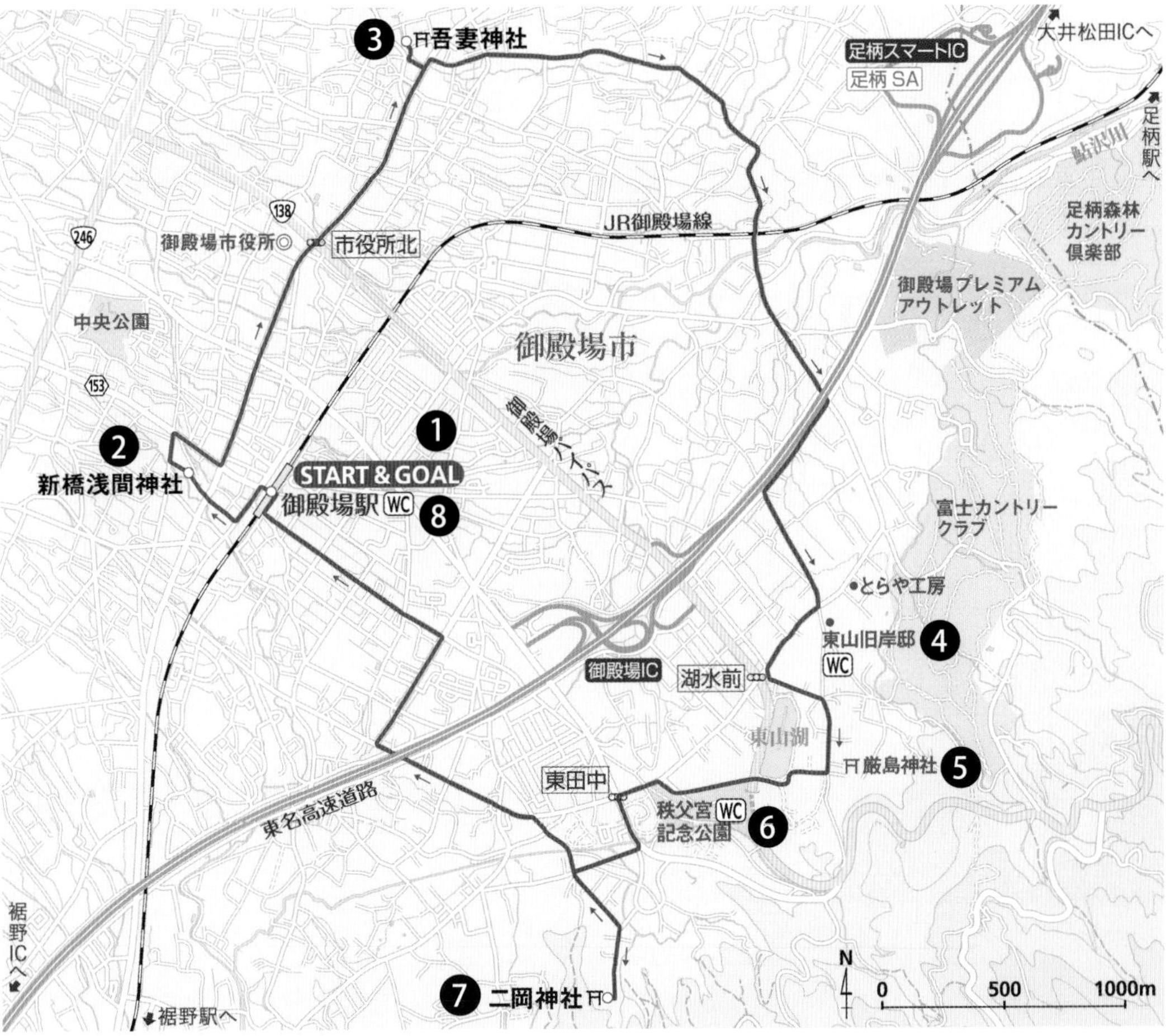

7

二岡神社

古い箱根山麓の面影を残す森の中にある

室町時代に建立されたと伝わる

8

GOAL

JR御殿場駅

にイギリスの植物商バンディングが別荘を構えたことをきっかけに外国人別荘地「亜米利加村」が生まれたところでもある。いま往時の面影と残すものといったら老舗のハム製造所くらいだろうか。

二岡神社を後にして、見慣れた地方都市の街並みを御殿場駅へと戻った。

No.09

川面を渡る風が爽快な道

沼津から三島 水辺を巡るウオーク

ぬまずからみしま みずべをめぐるウオーク

所要時間	3時間
距　離	15km

START ① 沼津中央公園 ▲約45分 ② 香貫大橋 ▲約30分 ③ 柿田川公園 ▲約30分 ④ 丸池・清住緑地 ▲約15分 ⑤ 中郷温水池公園 ▲約60分 ⑥ 白滝公園 GOAL

START 1

沼津中央公園

かつて沼津城があった公園は市民の憩いの場

街中に滔々と流れる川の源は天城山

沼津駅南口から数分歩くと中央公園だ。ここはかつて沼津城があった。江戸時代中期、水野忠友が10代将軍徳川家治から拝領した地に城を築き、初代沼津藩主となった。城下には東海道五十三次の12番目の宿場町、沼津宿。元禄期には本陣2・脇本陣4・旅籠が78軒あったと伝わる。しかし今、往時を偲べるような遺構や面影はほとんど残っていない。

中央公園を抜けて狩野川に出る。行く手に架かるのがあゆみ橋。歩行者と自転車専用の人道橋で、同公園と香貫公園を結んでいる。映画のロケ地としても知られているようだ。

車の往来はなく静かで空も広く開けている。川面を渡る

2 **香貫大橋**

1996年に沼津と清水町を結ぶ橋として開通したアーチ橋

3

柿田川公園

柿田川の大小数十カ所の湧き間を眺めることができる

香貫大橋のたもとに立つ内膳堀の石碑

風に気分は伸びやか。さらさらとした流れを眺めていると、この狩野川こそが県東部の中心都市として発展してきた沼津のシンボルだと改めて実感する。

天城山に源を発する全長46kmの狩野川は、県内では唯一、北に向かって流れる川で、源流部は「水源の森百選」に選ばれている。その豊富で良質な水は、特産品ワサビを育み、アユ狙いの釣り人を集めている。一方で標高差が大きく下流域で蛇行していることもあって、古くから洪水に悩まされてきた。1958（昭和33）年、伊豆半島を襲い流域に大きな被害を出した台風が「狩野川台風」と命名されたことはよく知られる。

あゆみ橋を渡り堤防の遊歩道を上流に向かう。右手に香貫山をはじめとする「沼津アルプス」が迫ってくる。川にはカワウが群れ、釣り人の姿も。「昔はウナギも捕れたし、川がもっと深くて橋の上から飛び込んで遊んでいましたよ」と、地元生まれの同行者がつぶやいた。

30分ほどで香貫大橋に差し掛かる。この付近で狩野川と黄瀬川が合流する。橋のたもとに「内膳堀跡」という石碑がひっそり立っていた。伝承によると江戸初期、植田内膳という人物が新田開発のために狩野川の水を香貫山山麓に引き入れる用水路を開削した。石碑は内膳の偉業を顕彰したものだ。

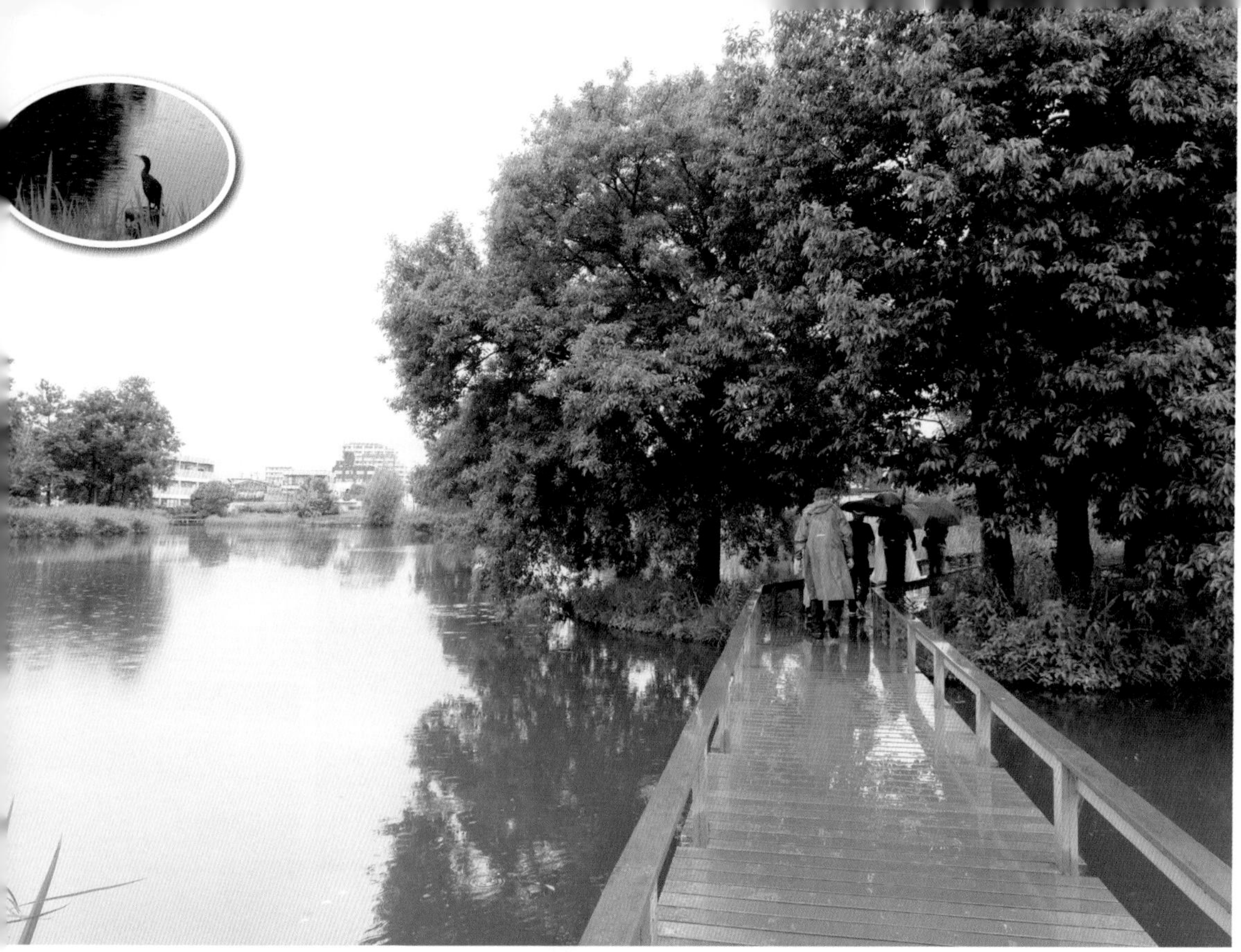

5 中郷温水池公園

もともとは冷たい湧水を温めるためのため池。冬は水鳥が羽を休め、富士山が映る

4 丸池・清住緑地

湧水を水源とする大きな親水池がある公園

富士山の雪解け水が池や小川をつくる

香貫大橋を渡って対岸へ。再び河畔を歩き、「河口から6km」という標識を過ぎた辺りで狩野川とはお別れ。少々道順がややこしい住宅地を抜けて県道144号線へ出る。日枝神社の脇を進むと柿田橋。欄干から下を覗くとゴーゴーと水が流れている。狩野川と合流するまで全長約1・2kmの柿田川だ。日本で最も短い一級河川である。

柿田橋から柿田川に沿うように北へ30分ほど歩くと人気の観光スポット、柿田川公園だ。車の往来の激しい国道1号線の真下に忽然と現れる清流。その水源が湧き出るさまを間近に見ることができる。富士山に降った雨や雪解け水は溶岩層に浸透し、長い時を経て湧き出している。水量は1日100万トンを超え、年間を通して水温は15度ほど。1985(昭和60)年には環境省の名水百選に選ばれている。

水と緑にあふれた柿田川公園だが、意外にも戦国時代には城があった。小田原北条氏の3代氏康が武田勢に備えるために築城した「泉頭城」。武田氏滅亡後は徳川氏に備える最前線だった。豊臣秀吉の小田原征伐によって北条氏が滅び廃城となったが、後に家康の隠居城候補として浮上する。が、なぜか駿府に変更されたという逸話が残る。

国道1号線を少し行くと三島の街だ。「富士の白雪朝日に溶けて、溶けて流れて三島に注ぎ、三島女郎衆の化粧水」ー。地元の地唄「農兵節」の元調の

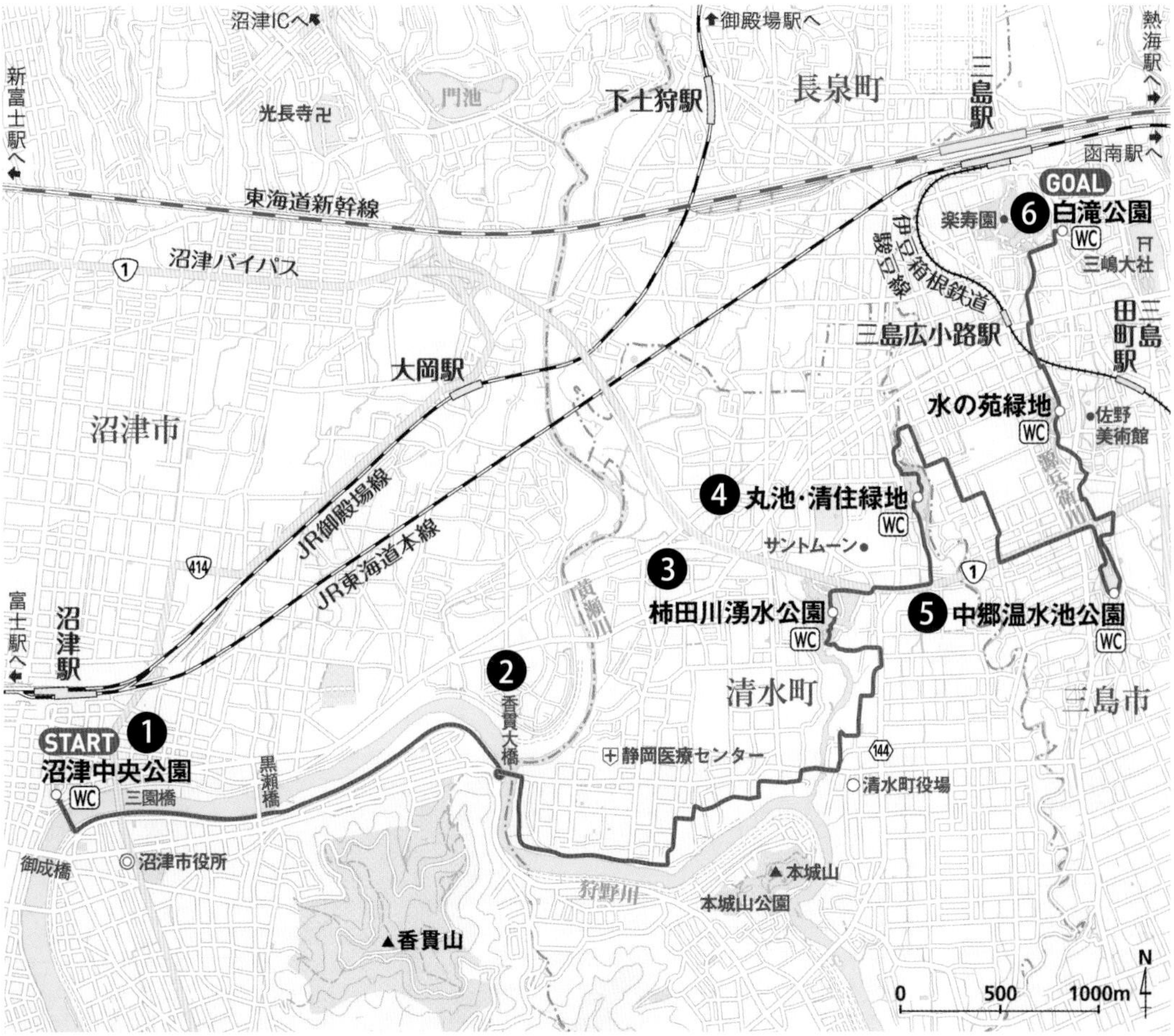

一緒に歩いた東静歩こう会の皆さん

一説にあるように江戸時代、東海道の宿場町として栄えた三島は〝水の都〟と呼ばれてきた。

約1万年前に富士山が噴火したときに流れ出た「三島溶岩流」の南端にあり、富士山に降った雨や雪解け水は地下を通ってこの地に湧き出す。湧水は池をつくり、幾筋もの小川となって街を潤す。高度経済成長期には工業化、都市化による地下水の汲み上げすぎで湧水量は減り、川も生活排水で汚れてしまったというが、行政や市民の浄化運動が徐々に実り、今は豊かできれいな水が戻っている。

市民の努力の象徴ともいえる街中の清流、源兵衛川の水辺沿いの遊歩道は、まさに都会のオアシスといった趣。せせらぎが耳に心地よかった。

民家の軒先で湧水をいただく

6 GOAL

白滝公園

源兵衛川の飛び石散策路を歩き、ゴールは白滝公園

No.10

富士山、松、駿河湾の景勝地

千本松原〜沼津港ウオーク

せんぼんまつばらとぬまづこうウオーク

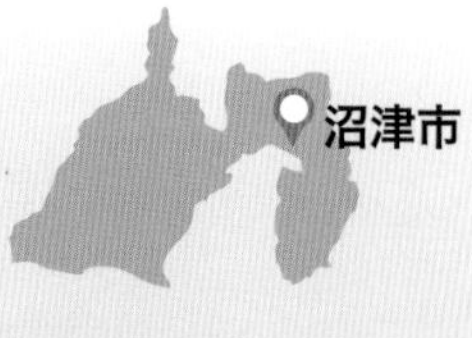

所要時間	2時間40分
距　離	10km

START ❶ 千本浜公園 ▲約30分 ❷ びゅうお ▲約40分 ❸ 不動岩 ▲約20分 ❹ 牛臥山 ▲約5分 ❺ 芹沢光治良の句碑 ▲約30分 ❻ ぬまづみなと商店街 ▲約30分 ❼ 乗運寺 ▲約5分 ❽ 千本浜公園 GOAL

若山牧水の歌碑

START 1

千本浜公園

朝早くからウオーキングを楽しむ人が多い

松林と富士山、駿河湾に魅了された文人たち

沼津市の狩野川河口から富士市の田子の浦港まで弧を描くように海岸沿いに延びる緑のベルト（幅100m、長さ10km）。それは30数万本余もの松がつらなる松林。千本松原（正式名称富士海岸、通称千本浜）として多くの人に親しまれている。スタートは、沼津側に位置する「千本浜公園」から。美しい朝の木漏れ日の中、散策路をゆっくり歩き始める。爽やかな松の香に満ちていて心地よい。

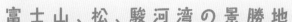

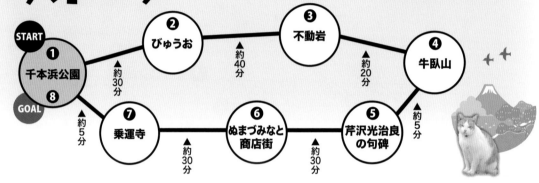

2 びゅうお
狩野港の巨大水門は
展望所でもある

千本浜には次のような来歴がある。遠い昔、松はもともとは近在の農民が防潮・防風のために植え育てていたという。それが戦国時代、無残な仕打ちに遭う。1580(天正8)年、駿河に侵攻した武田勝頼率いる武田軍が海岸に上陸。北条氏との合戦に臨んだ折、邪魔になるとしてことごとく切り払ってしまったのだ。結果、農民が丹精した作物は潮風で壊滅的な被害を受ける。惨状を目の当たりにした旅の修行僧・長円(増誉上人)は、手ずから千本の苗木を植え続けた。松は立派に根付き、近くには長円ゆかりの乗運寺が建てられた。

駿河湾、富士山を望むこの地は文人との関わりも深い。その一端を公園内の歌碑や文学碑で知ることができる。青春時代を沼津で過ごした井上靖の文学碑には「千個の海のかけらが千本の松の間に挟まっていた 少年の日 私はそれを一つずつ食べて育った」とあった。「幾山河 こえさりゆかば寂しさのはてなむ國ぞ けふも旅ゆく」と彫られているのは若山牧水の歌碑。牧水は千本松の景観に魅せられて1920(大正9)年に、一家揃って移り住んだ。ところが1926(大正15)年、県の松原伐採計画が持ち上がる。猛然と異議を唱えた牧水は、新聞に寄稿したり、市民

不動岩に隣接する八幡神社

3 不動岩
かつて海底火山の噴出物の名残り
である岩山

4 牛臥山

牛臥山の海岸にある「乳母の懐」

5 芹沢光治良の句碑

松原の中にひっそりと立つ

昼は沼津港で「アジフライ定食」

6 ぬまづみなと商店街

たくさんの飲食店が並ぶ

集会で熱弁を振るったりと反対運動の先頭に立ち、ついに計画を断念させた…。そんなエピソードを残した牧水もここで終焉を迎え、先の乗運寺に家族とともに静かに眠っている。

千本松を抜けて歩みを進める。松原と海岸の間に築かれた防波堤の歩道からは松原越しに富士山、正面には伊豆半島が見えた。浜辺にも階段で降りられる。老若男女が釣り、散歩、ジョギング、自転車と思い思いにこの空間を楽しんでいる。その姿を横目に沼津港の水門「びゅうお」へ。津波から港を守る国内最大級の水門だ。そこから沼津港を通り、狩野川に架かる港大橋を渡る。川沿いの歩道を河口に向かって行けば我入道である。

我入道は、一見静かな住宅地だが河口付近には漁船がつながれていて、漁師町の風情がある。行く手にはこんもりとした小さな山。不動岩と呼ばれ、海底火山の噴出物からできたという。山頂には八幡大菩薩や不動尊のお社。由緒や創建は定かではないが、海上安全、大漁祈願、我入道の総鎮守として祀られている。参道の急な石段を上がると狩野川河口が見渡せた。

新鮮な海の幸を食べゴールまで一気に歩く

八幡神社から少し歩けば海岸に出る。堤防を挟んで我入道公園、砂浜を東に進んで牛《うし》臥《ぶせ》山へ。そのふもとに「乳母の懐《おばんのふところ》」と呼ばれる巨大な岩が現れる。地学的には、海底火山の名残りである流紋岩の溶岩ドームで、隆起した後、波の侵食などによって人が通れるくらいの海食洞が開いている。なかなかの迫力だ。我入道公園に引き返すと、地元出身の小説家・芹沢光治良の記念館があった。斬新なデザインが目を引いた。松に囲まれた句碑に「ふるさとや　孤絶のわれを　いだきあぐ　八十五歳光治良」とあった。

のどかな我入道の町をそぞろ歩き、再び港大橋を渡って沼津港まで戻ってきた。目指すは飲食店や干物店などが軒を連ねる「ぬまづみなと商店街」だ。ウォーキングの昼飯といえば公園のベンチでオニギリが定番だけれど、今日はちょっと奮発して新鮮な海の幸をいただこう。

腹ごしらえの後、港大橋のたもと近くから蛇松緑道を歩く。1970年代まで走っていた貨物専用の「蛇松鉄道」の軌道跡

蛇松鉄道跡の道

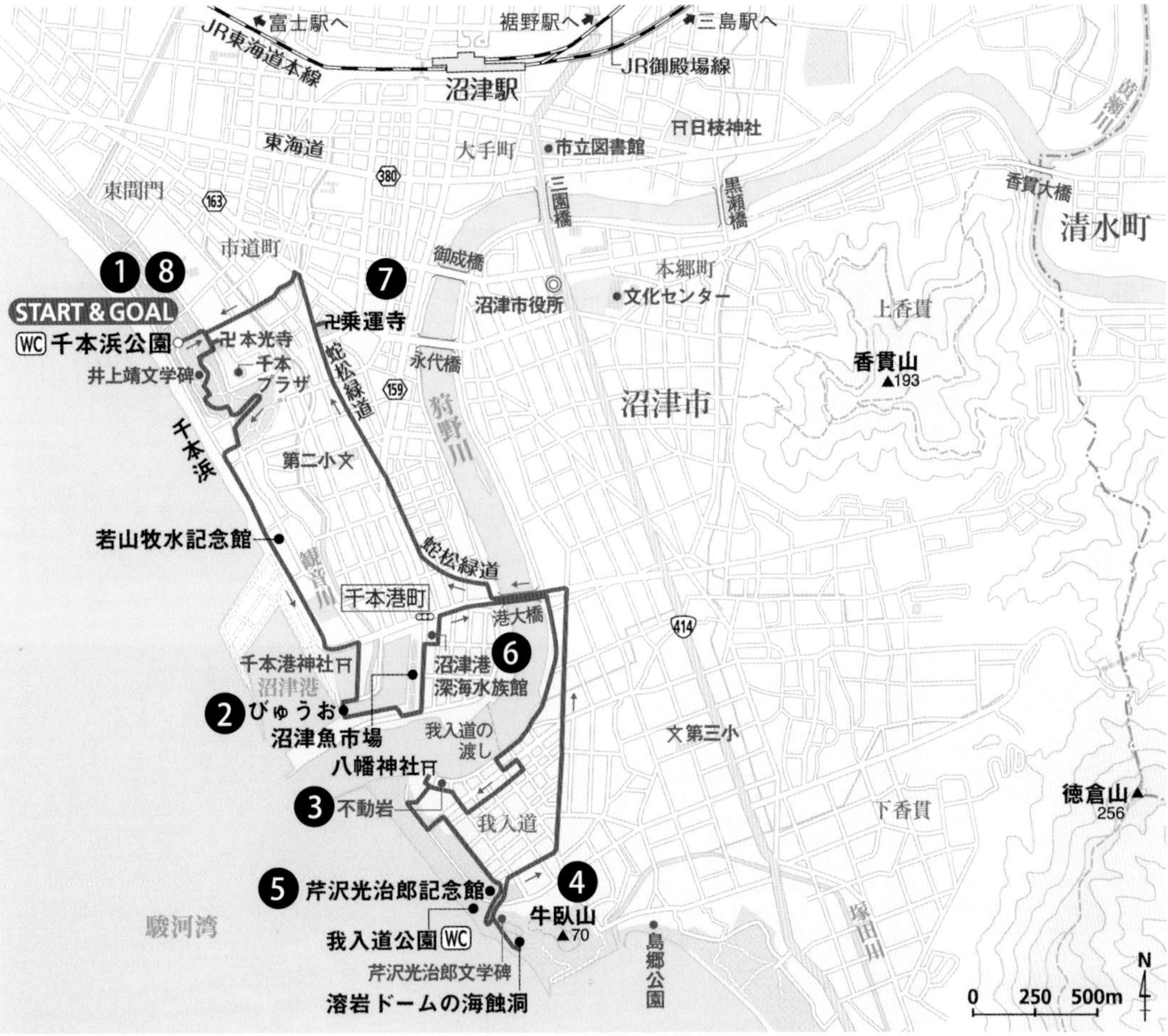

ACCESS

- 行き・バス/JR沼津駅から千本浜公園まで9分
- 帰り・バス/千本浜公園からJR沼津駅まで9分

7 乗運寺
千本松原とゆかりの深い寺

8 GOAL 千本浜公園
松原、愛鷹山、そして富士山

増誉上人の像

若山牧水の墓

に出来た遊歩道だ。桜の木の落ち葉を踏みしめながら、今度は花見の季節に来てみたいと思う。蛇松緑道が千本浜道とぶつかったあたりに乗運寺がある。先に触れたように増誉上人ゆかりの寺で、若山牧水の墓所だ。牧水の墓に手を合わせ、千本道を西に進む。千本浜公園に戻るころ、朝は雲がかかっていた富士山が秀麗な顔をのぞかせていた。

No.11

パワースポット富士山のエネルギーをもらう

人穴浅間神社～白糸ノ滝 富士山麓ウオーク

ひとじんじゃ～しらいとのたき ふじさんろくウオーク

所要時間	2時間10分
距　離	7km

START ❶ 人穴浅間神社 ▲約1時間 ❷ 富士ミルクランド ▲約1時間 ❸ 白糸ノ滝 ▲約10分 ❹ 曽我の隠れ岩 GOAL

洞内に祀られている木花之佐久夜毘売

伊豆歩倶楽部のメンバーと歩く

入洞のガイド案内は予約制。現在は受付中止中（2023年2月15日現在）

START 1

人穴浅間神社

鎌倉時代にはその存在が知られていた人穴は、様々な伝説で彩られている

数々の伝説が残る人穴とは

富士山が世界文化遺産に登録されたのは2013年。富士山域をはじめ静岡、山梨両県で25件が構成資産となった。富士宮市にある「人穴富士講遺跡」(人穴浅間神社)も、その一つ。富士講開祖・長谷川角行が修行したと伝わり、供養碑や登拝記念碑など約230基が残っている。信仰の対象として富士山の歴史的価値を刻んできたこの聖地から今回はスタートしよう。

牧場地の農道を歩く参加者たち

富士山西麓の標高700mに位置する人穴は、寄生火山犬涼み山から流れ出た溶岩によってできた洞穴で、奥行きは80mほど。覗き込んでも中は暗くて見通せない。鎌倉時代の史書『吾妻鑑』には不気味な出来事が記されている。時の将軍源頼家が富士で巻狩りした折、御家人の仁田忠常に人穴探索を命じた。忠常一行6人はそこで様々な怪異に出合い、武者4人が命を落としたという。「浅間大菩薩の御在所」ともあり、富士山信仰との関連をうかがわせる。

伝承によると室町時代の1558年に人穴にやってきた修験者が長谷川角行であった。荒行の末に悟りを開き、106歳で入寂(死没)。富士講が盛んになった江戸時代中期には、開祖ゆかりのこの地を多くの信者が参詣、修行に訪れた。境内に建つおびただしい石碑、石塔は往時の証しだろう。

各地から長い道のりを行き来した巡礼者の姿を思い浮かべながら、県道75号線(清水富士宮線)を歩き出した。この道がかつて甲斐、駿河を結んだ中道往還である。甲府から御坂山地や富士山麓を辿る険しい道筋で、女坂、古関、精進、本栖、根原、人穴、大宮を経由し、吉原で東海道と合流していた。沿線に観光施設や人気のキャンプ場も多い国道139号線に比べると車の通行も少なく、思ったより歩きやすかった。

酪農が盛んな牧場地 歩いたご褒美は ジェラート

間もなく県道71号線(富士宮鳴沢線)との分岐があり、そのまま下っていくと道は71号線に変わる。人穴小学校を過

2

富士ミルクランド

道中のオアシス「富士ミルクランド」で一休み

名物のジェラートで思わず顔もほころぶ

富士山信仰の面影が色濃く残る「お釜水」

3 白糸ノ滝

名瀑「白糸の滝」の水は富士山の湧水でもある

曽我兄弟の仇討ちにその名が由来の「音止めの滝」

ぎた辺りで脇の農道に入り東へと進む。しばらく木々に囲まれた道を歩くうちに見晴らしのいい草地が現れる。西には毛無山（1964m）を最高峰とする天子山系が横たわっていた。やがて広い農道に出る。時折、大型トラクターが迫ってくる。地図を見ると一帯には牧場が点在している。

富士山麓の標高700～1000mに広がる朝霧高原は酪農が盛んなところだ。終戦直後の1946（昭和21）年から外地から引き揚げた人々の集団入植が始まり、1954（昭和29）年に国営事業で乳牛のジャージー種250頭余りが導入され酪農地域としての第一歩を踏み出した。今はのんびりと牛が草を食《は》む姿が観光客にもおなじみだが、当時、厳しい自然相手の開墾には大変な苦労があったと聞いた。有数の酪農地帯は長年の労苦が刻まれ、生業が息づく土地でもある。

再び、県道71号線に戻る。行く手に見えてくるのが「富士ミルクランド」。富士開拓農協が手がけたレジャー施設で、同行者の中には「ここのジェラートを食べたくて…」と目を輝かす御仁も。ご所望どおり濃厚な味を満喫し、たっぷり休憩してから再び歩き出す。ずっと下る道ということもあって足取りは自然と軽い。

そうこうするうちに「白糸ノ滝」に着いた。1936（昭和11）年に国の名勝及び天然記念物に指定された名瀑で、それか

人穴浅間神社〜白糸ノ滝　富士山麓ウオーク

ら77年後に世界文化遺産の構成資産の一つとなり、近年改めて人気を集めている「日本の滝百選」だ。

富士山の湧水が幅約150mにわたって落下する美しいさまは白糸の名にふさわしい。その昔、富士の巻狩りで訪れた源頼朝が詠んだ歌〈この上にいかなる姫やおわすらん　おだまき流す白糸の滝〉に思わず「いいね！」を送りたくなる。滝の上には「お鬢水《びんみず》」と呼ばれる湧水池があり、源頼朝がこの水で鬢のほつれを直したという伝説も。また富士講の開祖長谷川角行はここで滝行したといわれ、富士講を中心に多くの人々が巡礼・修行の場でもあった。すぐ近くには豪快な水音を響かせる「音止めの滝」。趣の違う豪快なこの滝にもぜひ足を延ばしたい。

富士の巻狩りを舞台にした有名活劇は「曽我兄弟の仇討ち」だろう。近くに曽我祐成《すけなり》・時致《ときむね》兄弟が仇の御家人、工藤祐経《すけつね》の陣屋を偵察するときに隠れたといわれる「曽我の隠れ岩」や、討たれた祐経の墓などが残っている。行く先々で、数々の歴史の痕跡に触れるのも歩き旅の醍醐《だいご》味だ。

4 GOAL 曽我の隠れ岩

工藤祐経の陣屋を窺ったと伝わる岩

曽我兄弟に討ち取られた工藤祐経の墓と伝わる

ACCESS

- 行き・車/東名富士I.CからR139経由で45分
- 帰り・車/白糸ノ滝から/東名富士I.Cまで31分

No.12

湧水の富士市でかぐや姫を探す

富士の湧水とかぐや姫伝説ウオーク

ふじのゆうすいとかぐやひめでんせつウオーク

所要時間	2時間35分
距　離	10km

START ❶ 岳南富士岡駅 ▲約15分 ❷ 医王寺 ▲約15分 ❸ 竹採公園 ▲約10分 ❹ 妙善寺観音堂 ▲約5分 ❺ かがみ石公園 ▲約5分 ❻ 鐙ヶ淵親水公園 ▲約5分 ❼ 原田湧水公園 ▲約40分 ❽ 吉原公園 ▲約1時間 ❾ JR吉原駅 GOAL

START 1 岳南富士岡駅

鉄道オタクでなくても、どこかワクワク感のある駅

レトロな車両や駅舎が人気の岳南鉄道

岳南富士岡駅に降り立つと、まずは、そのかわいらしい駅舎にほっこり。構内には1928(昭和3)年製造の電気機関車をはじめ、骨董品のような車両が並んでいる。聞けば「がくてつ機関車ひろば」として展示されているのだという。鉄道ファンならずともレトロ気分が味わえる。

岳南電車は吉原駅〜岳南江尾駅間を結ぶ路線距離9・2kmのローカル線だ。元々は貨物専用線だったが、戦後に

こちらは現役の電車

伊豆　東部　中部　西部

なって東海道本線の吉原駅（旧鈴川駅）と旧東海道の宿場町・吉原間が開業。その後、岳南江尾駅まで順次延伸され、60年代後半には旅客、貨物輸送の最盛期を迎えた。しかし、車社会の進展とともに赤字に陥る。近年は「夜景列車」などイベント列車を運行し、収支改善に向けて頑張っている。

岳南富士岡駅から、古刹として知られる医王寺を目指して歩き始める。駅前には「ロマンと泉の郷」というウオーキング案内板が立っている。この一帯には、富士山や愛鷹山に浸み込んだ地下水が湧水として現れるポイントがいくつもあり、昔から地域の生活用水や農業用水、製紙業などの工業用水を賄ってきたという。

住宅街をちょっと迷いながら20分ほど行くと、湧水をたたえた池の先に、龍水山医王寺があった。医王寺は、天平年間（729〜749年）に、真言宗寺院として行基が創建したと伝わり、その後、今川氏の庇護のもとに寺領を拡大し、16世紀末に浄土宗に改宗したという。本堂の脇から続く石段を経て、薬師堂へ。古色を帯びた御堂の奥にはうっそうとした森。水と緑の関りを感じさせてくれる。安置されている薬師如来像は目の病気にご利益があるとされ、かつては池の水で身を清めてから、お百度を踏んだ人々も多かった。

医王寺参道脇の湧水池にはコイが泳いでいる

2

医王寺

境内には武田信玄の名参謀・山本勘助の供養塔も

かぐや姫の石塚

江戸時代までは無量寺があった

竹採公園　3

公園の周辺にはかぐや姫に因んだ地名や伝説も残る

富士山に帰り天女になったかぐや姫

医王寺から10数分ほどで比奈の「竹採公園」。平安時代前期に成立した日本最古の物語とされる『竹取物語』の発祥の地と伝わるところである。江戸時代、ここには駿河国原宿出身の名僧・白隠禅師（1686～1769年）が住職を務めた無量寺があり、寺の縁起に白隠は、この地がかぐや姫ゆかりの地であると記している。無量寺は明治初期の神仏分離令によって廃寺となった。

竹採公園は、こじんまりとした竹林で、よく手入れされ、散策路が整備されている。薄暗い道沿いには白隠禅師や無量寺の僧たちの墓があり、さらに奥に進むと、一見変哲のない石塚が現れる。風化して見えづらいが、近寄って目を凝らすとかすかに〈竹採姫〉と読み取れる。かぐや姫の石塚だ。いつの時代の誰によって建てられたかは謎らしい。この公園の周辺には「赫夜（かぐや）姫」や

境内には約300本のソメイヨシノが植えられている

4 **妙善寺観音堂**
「滝川のお観音さん」と呼び親しまれる妙善寺観音堂

5 **かがみ石公園**
小栗判官伝説が残る「かがみ石公園」

竹採の翁が籠を編んだとされる「籠畑」という地名が残っている。ちなみに、一般的には、かぐや姫は月に帰っていくことになっているが、この土地の伝承は富士山に帰り、天女になるというものである。かぐや姫は浅間神社の主祭神である木花之佐久夜毘売《このはなさくやひめ》だという説もある。

竹採公園を後にし10分ほど歩くと妙善寺観音堂に着く。安置されている十一面千手観音像は、古くから「滝川のお観音さん」と呼び親しまれてきた。白隠禅師は、親交があった妙善寺の和尚を度々訪ね、寺の風呂が殊の外、お気に入りだったという。周辺には豊富な水を利用した水車小屋が何棟もあったようだ。大正期から昭和37年まで本堂の裏で農耕馬による草競馬が行われていたと聞いたが、森閑とした佇まいからは想像し難い。

水をめぐる寺や公園には伝説も残る

「かがみ石公園」は、妙善寺を少し下ったところにある。小さい都市公園といった趣で、周りに湧水が多い。ここには歌舞伎や浄瑠璃で知られる「小栗判官」伝説が残っている。室町時代のこと。鎌倉公方の足利持氏との戦いに破れた小栗判官は西へと逃れる途中、相模国の豪族・横山大膳の策略によって毒を盛られてしまう。恋仲になった大膳の娘・照手姫とともに馬を駆って逃げたが、毒が回って落馬し、九死のところを妙善寺の大空禅師に命を救われた。かがみ石は、妙善寺に身を寄せた照手姫が水の中の平石に姿を映し、身づくろいした「鑑石」が由来と伝わっている。

かがみ石公園からさらに下ると滝不動で、小さな滝に不動明王が祀られている。昔から、〈いぼとり不動〉と呼ばれ、滝の水をつけるといぼが取れると、信仰を集めている。滝不動のすぐ西側には曹洞宗の永明寺。〈水の寺〉とも称され、水をたたえる回遊式庭園があるが、残念ながら見学不可だ。

「鎧《よろい》ヶ淵親水公園」は滝川のせせらぎが心地よい憩いの空間だ。「鎧ヶ淵」の名前の由来はいくつもある。たとえば、源頼朝が富士川の合戦の折、川の淵にあった大きな岩に鎧をかけ体を洗ったからとか。平家を

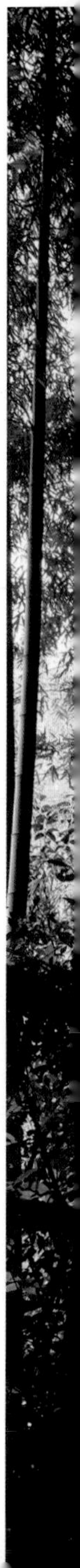

7 原田湧水公園

水中にバイカモが繁茂する湧水公園

6 鎧ヶ淵親水公園

永明寺の東隣にある滝は滝不動が祀られている

義経伝説が残る鎧ヶ淵親水公園の滝川

滅ぼした源義経が敵将を捕虜に鎌倉へ向かう途中ここで休み、兄頼朝への恭順を示すために鎧を淵に沈めたとか。時代を下って豊臣秀吉の小田原征伐の折、徳川家康に従った武将が北条軍と戦い、最後はこの淵に鎧を投げ捨て永明寺で自刃したとか…。歴史好きなら深掘りしたいところではある。

　鎧ヶ淵親水公園から原田湧水公園へと水巡りをしながら、原田公園でおにぎりを食べ、一息つく。ここから西に向かい、日蓮宗の妙延寺に立ち寄り、しばらくすると「善徳寺公園」だ。戦国時代、抗争を続けた今川義元、武田信玄、北条氏康が、義元の軍師・太原雪斎の仲介によって「駿甲相三国同盟」を結んだ。その協議の舞台となった善徳寺の跡と伝わる。

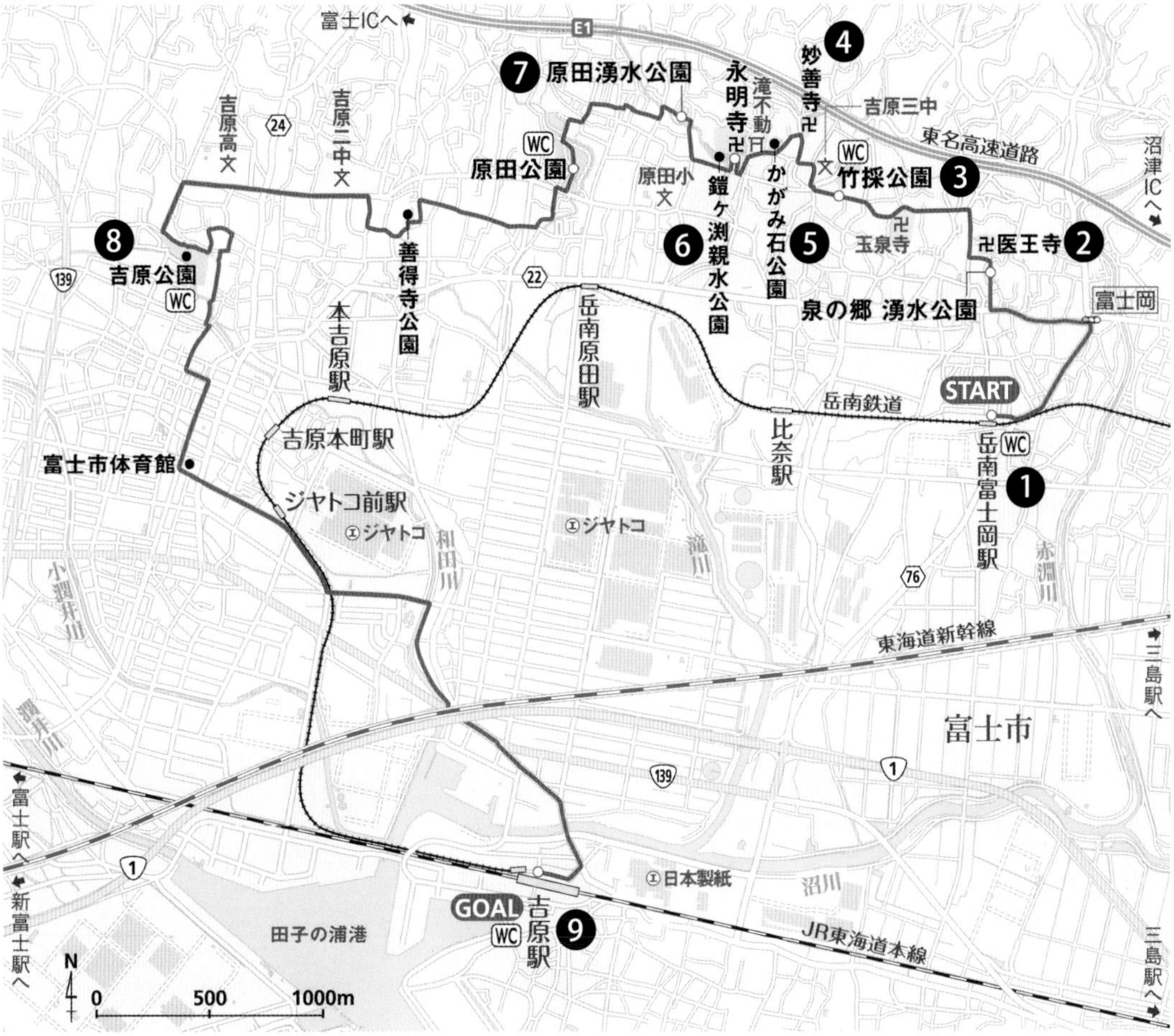

8 吉原公園

緑が深い吉原公園の裾野には和田川が流れ、アユが釣れる

園内には廃寺となった名刹・東泉寺の蔵がある

ＪＲ吉原駅に向かう途中。富士市を象徴する煙突

9 JR吉原駅

GOAL

1956年まで「鈴川駅」と呼ばれていた吉原駅

武田氏の駿河侵攻の際、焼かれてしまい、明治になって廃寺となった。それにしても、この道程には寺社仏閣が多く、伝説の類が盛りだくさん。背景には「根方街道」(県道22号)の存在があるのかもしれない。東西に走るこの道は、かつて東海道の脇街道だった。県内では浜松の「姫街道」が脇街道として知られる。古い街道には伝説の類が多いのが常のようだ。

善徳寺公園から吉原の街に着いたときは水と歴史ロマンで満腹だった。

No.13

大きな富士山が見えればラッキー

田子の浦港 富士眺望ウオーク

たごのうらこう ふじちょうぼうウオーク

所要時間	3時間30分
距　離	15km

START ❶ JR新蒲原駅 ▶約1時間 ❷ 新富士川橋 ▶約1時間30分 ❸ ふじのくに田子の浦みなと公園 ▶約1時間 ❹ JR吉原駅 GOAL

START 1

JR新蒲原駅

蒲原は由比と並ぶサクラエビの町で加工場も多い

富士川河川敷をピンクに染めるその正体は？

JR新蒲原駅前のロータリーには「桜えび漁100年」を記念して1994年に建てられた漁船のモニュメントがある。隣町の由比と並ぶサクラエビの町。近年は深刻な不漁が続いているため、滅多に食べられなくなったのは寂しいかぎりだ。駅からスタートして東海道線の高架下を進むと、やがて蒲原中学校が見えてくる。校門前の「新栄六本松公園」には浄瑠璃姫の墓と伝わる石碑が建つ。ここにはこんな伝説が残る。源義経は奥州（陸奥の国）への旅の途中病に倒れ、蒲原で息絶えてしまう。相愛の仲だった三河の長者の娘浄瑠璃姫は知らせを受けて蒲原へ向かい、吹上の浜（新蒲原）まで来て義経の亡骸を見つけて悲嘆にく

義経伝説に登場する浄瑠璃姫の墓だと伝わる

伊豆
東部
中部
西部

ディアナ号遭難の地に立つプチャーチン像

れる。ひたすら神仏に祈願すると義経は息を吹き返すのだが、再び姫を残して旅立っていく。今度は寂しさのあまり姫が死んでしまう。里の人は哀れに思い亡骸を葬り、そこに六本の松を植えて供養したという。義経と浄瑠璃姫の恋物語は江戸初期に語りものとして流行し、音曲語り〈浄瑠璃〉の起源をなすと言われている。

新栄六本松公園から数分で海岸線に出るとそこはくだんの吹上の浜。そこから富士川河口へ向かう。富士川の河川敷は春と秋の漁期に獲れたサクラエビを天日干しする場所だ。まるでピンク色の大きな絨毯を敷いたようで、バックに大きな富士山が見えるその様は圧巻だ。

土手を歩いて富士川河口に架かる新富士川橋を渡る。全長1553mある橋は車ならばあっという間だが、歩くとけっこう長い。河川敷にはグラウンドがいくつも整備され、サッカー、野球などスポーツに興じている人たちが目に入る。西から天竜川、大井川、安倍川、狩野川など県内には一級河川がいくつもあるが富士川の川幅は他と比べるとかなり広い。河口幅は1950mで、河口幅日本一と静岡県のホームページでうたっている。

富士川は山梨県と長野県の境にある鋸岳に源を発し、長野・山梨・静岡の3県を流れ駿河湾に注ぐ全長128kmの河川だ。流域には3000m級の山々があり、河口部(富士海岸)は富士火山の溶岩流が形成した急斜面の上に、川からの土砂が堆積し弓状の砂州から成る。砂州は急深な海底地形を生み出し、そこにサクラエビが留まる。駿河湾でしか獲れないのはそういうことだ。

ロシアの軍艦ディアナ号は日本来航の際、安政大地震に遭遇して大破。修理のため戸田に向かう途中、富士市の沖に沈没した

富士川をウォーキング協会の旗が渡る

新富士川橋 2

富士川右岸の河川敷にはサクラエビの干場がある

シラスで売り出す 生まれ変わった 田子の浦港

橋を渡ったところにある富士道の駅で休憩し、住宅街を通り抜け、今度は富士川の左岸の海岸線に出る。海を見ながら30分以上歩いただろうか。「ふじのくに田子の浦みなと公園」に到着し、ここでようやく昼食タイム。この公園は田子の浦港港湾整備で出た土砂を利用して整備された。シンボルの

富士川を越えて、長い海岸線を歩く

3 ふじのくに田子の浦みなと公園

田子の浦港の浚渫工事で出た土砂を利用した公園には、「富士山ドラゴンタワー」が建つ

弁当を広げるにはもってこいの場所

県ウオーキング協会メンバーと一般参加者の皆さん

富士山頂の8峰を現わした石柱

「富士山ドラゴンタワー」をデザインしたのは地元の大学生。富士山頂にある8つの峰「八神峰」をモチーフにしているそうだ。このタワーを起点に海抜0mから富士山頂を目指す標高差3776mの「富士山登山ルート3776」が設定されている。園内には歌人・山部赤人が詠んだ「富士山を望む歌」を、富士市南松野産の松野石に刻んだ石柱8本が立っている。

コースも終盤。公園を出て田子の浦港はすぐそこだ。60年代から70年代にかけ、〈田子の浦港はヘドロの港〉と言われた。付近にある150もの製紙工場から処理されない水が流れ込み、100万トン近いヘドロが堆積し悪臭も発生するなど社会問題にもなった。しかし、昭和46～55年度にかけて公害対策事業により工場排水規制を強化。結果、港の環境は大きく変わった。今は「シラスの港」としてアピールしている。田子の浦のシラス漁法は独特で、網を一艘の船で曳き、短時間で漁を行う。獲れたシラスは瞬時に大量の氷でしめる。そのためシラスにキズが少なく鮮度抜群

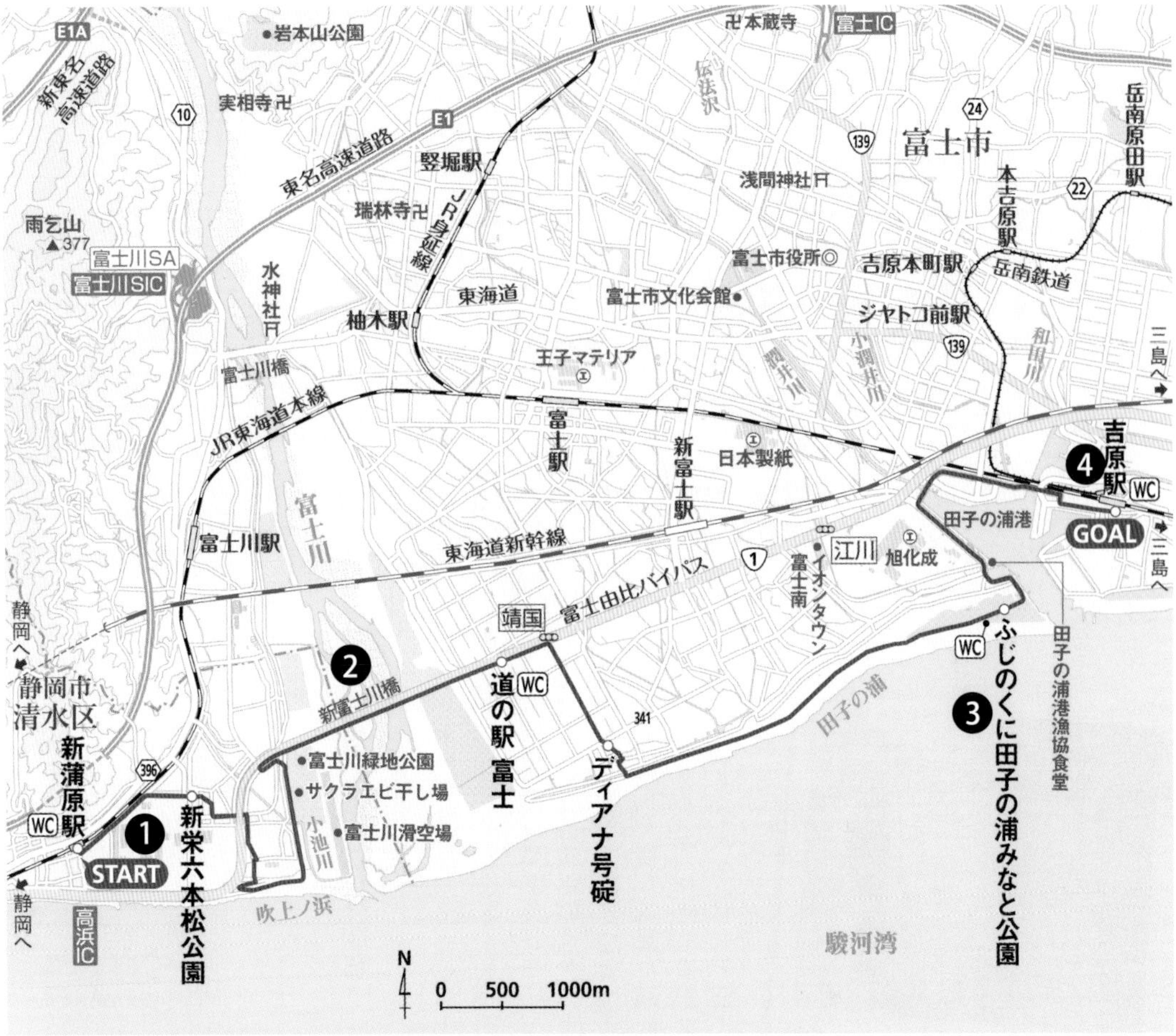

近年、
シラスで盛り上がっている田子の浦漁港

というわけだ。港には漁協直営の食堂があり人気を博している。また港周辺には「富士山しらす街道」と名付けられた道が走り、生シラスをはじめサクラエビ、干物などを加工・販売する店が軒を連ねている。

田子の浦港をぐるっと回り込むようにして歩き、ゴールのJR吉原駅まであと少しだ。

JR吉原駅

JR東海道線と岳南鉄道の駅

No.14

興津川の魅力を再発見

静岡市清水区

興津河畔と小島史跡ウオーク

おきつかはんとこじましせきウオーク

所要時間	2時間20分
距　離	9km

START ① JR興津駅 ▲約30分 ② 興津川遊歩道 ▲約1時間 ③ 龍津寺 ▲約10分 ④ 小島陣屋跡 ▲約40分 ⑤ 立花入口バス停 GOAL

START 1

JR興津駅

興津の地名は宗像神社の祭神、興津島姫命が由来と伝わる

清流に癒されながら興津川を北上

JR興津駅からこぢんまりとした商店街を歩くと東海道に出る。興津は東海道五十三次の17番目の宿場町であり、大名らが泊まる本陣・脇本陣のほか、庶民が使う旅籠が38軒ほどあった。今、往時の面影はうかがえないが、歴史を振り返れば、清見寺門前には風光明媚な清見潟が広がり、大正時代には元老・西園寺公望が別邸を構え、政界人が頻繁に訪れる地でもあった。

東海道を興津川に向かって東に進むと「身延道入口之碑」が立っていた。身延道は、駿河と甲斐を結ぶ往還で、現在の国道52号線とほぼ重なる。日蓮宗祖山である身延山久遠寺参詣の道だったことからその名が付いた。興津は、古くから東海道と身延道(甲州往還)が交差する交通の要衝で、かつて清見関所が置かれていた。

入口之碑からほどなく宗像神社の鳥居があり、参道を進むとこんもりと茂る鎮守の森(別名・女体の森)に包まれた社殿が現れる。世界文化遺産になった福岡県の宗像大社の末社の一つ。創建は平安中期と伝わり、航海の安全や豊漁祈願で知られる。大木が茂る森は、沖に出た漁師たちにとって恰好の目印だったという。

国道52号線の信号を渡り、県営団地の脇を抜け東海道本線の踏切を越えて、東に折れると興津川の河畔に着く。ここからは土手に設けられた歩道を川上に向かって歩く。訪れたのは暑い夏の日。川面を渡る涼しい風に救われた気分であった。

興津大橋に差し掛かるとアユ目当ての釣り人が竿を出し

旧身延道の入口に立つ日蓮宗の石碑

漁師の守護神、宗像神をまつる宗像神社

うっそうとした境内にそびえるご神木は樹齢450年以上

ていた。興津川は、東日本の河川で最も早くアユ釣りが解禁されることで有名だ。橋から間もない林の中に「大正天皇川遊びの跡」という石碑を見つけた。興津は、大正天皇が皇太子時代によく訪れた地であったようだ。後で調べてみると、昭和天皇も興津の海で泳いでいたらしい。

　興津川は清水区と山梨県南部町の境にある田代峠（1032m）を水源とし、延長は27km。魅力は何といっても水の透明度だろう。川底の小石がはっきり見えるほど澄んでいる。新浦安橋の川上には取水した水をろ過する谷津浄水場があり飲み水を市民に供給している。川と人の距離も近く、水遊びに興じている子どもたちの姿は懐かしくもあった。

2

興津川遊歩道

興津川は水の透明度が高く、河畔からの景色もいい

大正天皇が川遊びをしていたという興津川

龍津寺の境内にはモミジの大木が葉を茂らせている

小島藩3代藩主・松平昌信が眠る墓

3 龍津寺

国道52号線沿いに長い築地塀が続く龍津寺は500年近い歴史を持つ

徳川将軍・松平一族が築いた要塞のような陣屋跡

　八幡橋付近から川を離れ、国道52号線に出た。車の往来が激しく、のどかな気分は一気に吹き飛んだ。しばらく歩くと道沿いに武家屋敷を思わせるような長い塀が現れる。臨済宗妙心寺派の拈華山・龍津寺《りょうしんじ》だ。山門をくぐると境内は表の喧騒が嘘のような静けさだ。

　寺伝によると龍津寺は「了心庵」として創建されたが、創建年代は不明。1546(天文15)年に、今川義元の軍師として知られる太原雪斎によって再興されたと伝わる。江戸時代には小島藩主・瀧脇松平家

4 小島陣屋跡

小島陣屋跡の一番の見どころは段々状になった石垣だろう

藩主の御殿があった最上段には井戸跡も残る

の庇護を受けた名刹だ。

小島藩は、江戸時代の1689（元禄2）年、旗本の松平信孝が加増され1万石の譜代大名に列せられたことに始まる。瀧脇松平家をさかのぼると三河松平氏の流れをくむ、徳川将軍家の一族だ。1704（宝永元年）年、信孝の跡を継ぎ瀧脇松平家二代となった信治は、関東から領地を移され小島藩の初代藩主として安倍、有度、庵原の3郡30ヶ村を支配した。同家は1868（明治元年）年、10代藩主・信敏の時代に上総国に転封となるまでの164年間、ここ小島の地で藩政を展開してきた。

小島藩の代々の藩主のほとんどは東京下谷の英信寺に墓があるが、3代藩主・昌信（1728〜1771年）だけが、ここ龍津寺に眠っているという。案内してくださった住職によると、昌信は3歳で家督を継ぎ、幼い頃から小藩経営の難しさを味わった人物らしい。20代後半には、名僧・白隠禅師を龍津寺に招き、善政指南を受ける。その後、新たな人材登用や新田開発、賦役強化、支出削減

立花集落は万葉集にも登場する古い山里

興津川に架かる立花橋は昭和13年に
竣工された趣のある橋

小島陣屋跡のすぐ側にある酒瓶神社は
小島藩の守護社だった

など藩政改革を進めるが、年貢を増やそうとしたために1764(明和元年)年に百姓一揆が起きてしまう。最終的には百姓側の要求を受け入れ決着するが、数年後に昌信は43歳で死没。その遺志は次代に引き継がれることになったという。

　龍津寺から坂道を通り住宅地を抜けると「小島陣屋跡」が現れる。小島藩の拠点の遺構だ。でもなぜ「陣屋」なのか。文献によれば、江戸時代、2万石以下の大名や幕府直轄領の代官の屋敷を「陣屋」といったそうだ。しかし、陣屋跡で目の当たりにする造りは陣屋というより城郭を思わせる。高さが最大4mにもなる石垣が威圧感をもって迫ってくる。

　大手門へと通じる道の正面に桝形と呼ばれる箱型の石垣。敵の侵入を遅らせるための仕掛けで、さらに桝形を抜けて石垣が段々状に続く。小島陣屋は、大きく3段にわたり、それぞれに曲輪(区画)が設けられている。最上段の広々とした曲輪に藩主の御殿があった。全体規模は東西約150m、南北200m。国道52号から少し西へ入った高台に位置し、眼下に小島の街並みを見下ろし、三方を山に囲まれ、まさに天然の要塞といった趣だ。小島陣屋跡は、石垣などの保存状態が良好なことから2006(平成18)年、国の史跡に指定された。

　陣屋跡から少し下ったところに酒瓶神社がある。創建は不明だが、産土神として祀られている古社で、小島藩主が社領3石を寄進し、藩の守護社となった。

　国道52号線を山梨方面に向かい、立花入口バス停から東に進む。興津川にかかる立花橋を渡ると、どこか郷愁を誘う立花集落だ。古色を帯びた神明神社、少林禅寺と歩き、

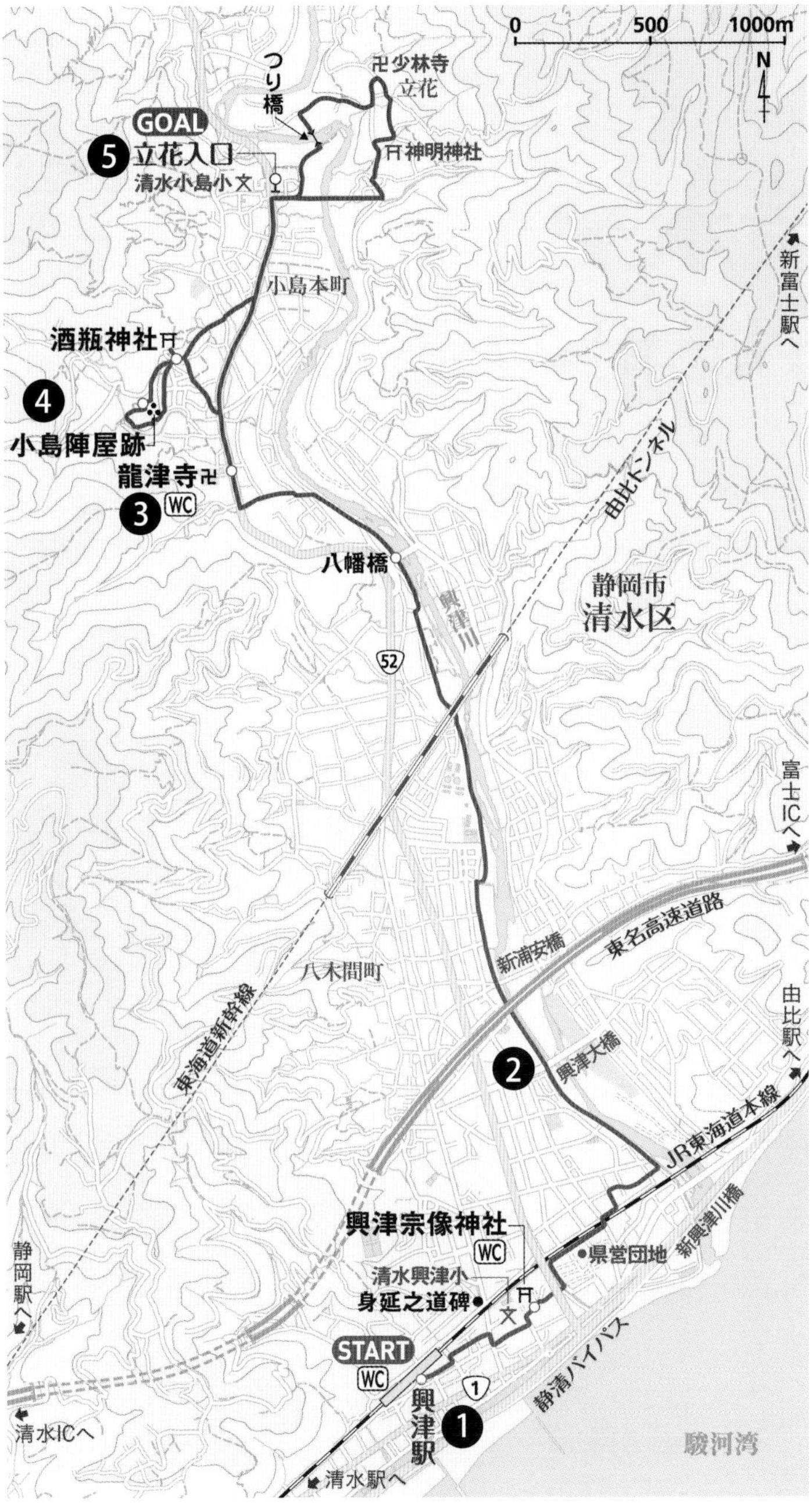

狭い道を下ると畦道のような小径の先に吊り橋。近くのミカン畑で草刈りをしていたオジサンに「渡っていいんですか」と尋ねると「もちろん」という。蛇行した興津川に架かる名もない吊り橋はなかなかのスリルだ。橋を渡り、草の小径を歩いていると路傍に小さな馬頭観音が夏の日差しを浴びていた。

吊り橋近くの小径に立っていた馬頭観音像

5
立花入口バス停
GOAL

立花の吊り橋は水面まで9mほどあるそうだ

ACCESS

- 帰り・バス/立花入口バス停からJR興津駅まで10分

No.15

古墳、宿場町とスポットいろいろ

所要時間	2時間45分
距　離	15km

いほはら清水をめぐる歴史の道ウオーク

いほはらしみずをめぐるれきしのみちウオーク

START ① JR清水駅 ◀約30分 ② 秋葉山本坊峰本院 ▲約5分 ③ 秋葉山公園 ▲約40分 ④ 清水ナショナルトレーニングセンター ▲約50分 ⑤ 興津坐漁荘 ▲約10分 ⑥ 清見寺 ▲約30分 ⑦ JR興津駅 GOAL

老舗が軒を並べる清水銀座

START 1

JR清水駅

清水駅東口から
港へと向かう

雨の清水港を歩く

宿場町の面影を探して 秋葉神社へ

静岡県ウオーキング協会主催の合同ウオーク当日は朝から本降りで、予報でも終日雨マーク。同協会のイベントは雨天決行が原則であるため、レインポンチョやカッパで雨対策をして臨んだ。JR清水駅東口（みなと口）に集合した参加者は40人ほど。「雨の景色を楽しみましょう」という出発式あいさつが雨音に響く中、いざ出発ー。

一行は、清水魚市場からいったん南へ向かい清水銀座商店街へ出る。旧東海道の江尻宿があった所だ。東海道五十三次の18番目、巴川左岸に形成された宿場町は、河口付近の清水湊と隣接し、江戸時代から海陸の交通・物流の拠点として栄えてきた。湊に出入りする幾艘もの帆掛け船と三保の松原、さらに遠くには伊豆半島…。歌川広重の「東海道五十三次・江尻」に描かれた景観を思い浮かべながら往時をしのんだ。

清水銀座から旧東海道を北上し、矢倉町付近から左へ折

旧東海道の町並み

2 **秋葉山本坊峰本院**
寺と神社が共存している

3 **秋葉山公園**
古墳があったと伝えられる
小高い丘

秋葉山公園に上る道

庵原の里は古くからミカンの里

れ秋葉山本坊峰本院を目指す。ほどなくして大きな石灯篭。石段を上がっていくと本坊の向かい側に、別院らしい栄松院、福昌院という名も見えた。寺伝によると1571（元亀2）年に天野小四郎景直によって開山された。天野氏は遠江国周智郡犬居城の城主で、秋葉山本宮秋葉神社とは縁深い家柄。峰本院も火伏の守護神をお祀りし、毎年12月15・16日の大祭では火渡りが行われている。

　秋葉山境内から裏手の階段を下り、一般道に出て新幹線の高架をくぐって進む。左手の鹿島神社の鳥居を過ぎてから、すぐ脇の雑木林から狭い上り坂に入る。その先、林が開けた場所が秋葉山公園だ。一帯はかつて秋葉山に連なる小高い丘で、新幹線開通によって分断されたという。起伏のある地形を利用して遊歩道や広場が整備され、市民の憩いの場になっている。天気が良ければ、家族連れの姿があっただろう。園内には平成になってからの調査で円墳が三カ所確認され、銅鏃や土器破片が出土している。太平洋戦争中、高射砲陣地が築かれた遺構もあり、説明パネルも設置されている。

　今回のコース名「いほはら」は、由比、蒲原などを含めた現在の清水区一帯の古い呼び名だ。古代この地を治めていた廬《いほ》原国造《はらのくにのみやっこ》が、地名の由来である。『日本書紀』によると景行天皇の時代、日本武尊東征の折、その功績によって廬原氏の先祖が駿河国の西部を賜ったとされる。また663年、中大兄皇子の外征「白村江の戦い」では、一族の廬原君臣が清水湊から船団を率いて海を渡ったとも伝わる。子孫は後に今川氏傘下となるが、相当な勢力を持っていた一族だったようだ。

県ウオーキング協会メンバーと一般参加者

三池平古墳は5世紀前半に築造された前方後円墳

4 **清水ナショナルトレーニングセンター**

ミカンの丘を上った先にある
トレセンでお昼ごはん

大乗寺のたたずまい

5 **興津坐漁荘**

かつて庭の先には
海があった

かつて風光明媚な景色が清見寺から見えた

秋葉山公園から西北へ向けて雨に打たれながら淡々と歩く。所々にミカン畑。庵原地区はミカンの一大産地でもある。耕地整理された高台の一角には清水ナショナルトレーニングセンター。ここは2001年4月にオープンしたスポーツ施設でJリーグチームの合宿にも利用されている。雨宿りがてら昼食をとり、再び歩き出す。すぐ近くで立派な古墳に遭遇した。5世紀初めに築造されたと推定される前方後円墳「三池平古墳」（県指定史跡）であった。1958（昭和33）年の発掘調査で、竪穴式石室の石棺から遺骸のほか装身具など副葬品が見つかり、鉄製の武器や農具も出土している。有力首長の墓陵とみられ、庵原氏との関連性も指摘されている。ぜひ見学したかったが、少し前の台風の影響で墳丘の一部が壊れ、残念ながら立ち入り禁止となっていた。

道なりに行くと臨済宗の大乗寺に至る。そこから南へと進み、再び旧東海道に戻る。途中、興津坐《ざ》漁《ぎょ》荘に立ち寄った。1920（大正9）年、元老の西園寺公望が建てた別邸を復元した建物で、2004（平成16）年から一般公開されている。暖かく風光明媚な興津が気に入った西園寺公は1年のうち4分の3は、ここで暮らしたという。大正から昭和にかけての激動期には、政界人の坐漁荘詣でが頻繁だったようだ。太公望呂尚《りょしょう》の故事にちなんだ坐漁荘だが、来客が多く、きっと当人はゆっくり釣りを楽しむ暇などなかったことだろう。

さらに東へ行くと、山の麓に奈良時代の創建と伝わる臨済宗の清見寺があった。足利尊氏や今川義元が崇敬され、江戸時代には徳川氏の庇護を受けた古刹で、朝鮮通信使の宿所・接待所となったことでも知られる。かつて門前からは三保の松原や駿河湾を見渡す白砂青松の景観を望めたと聞いた。

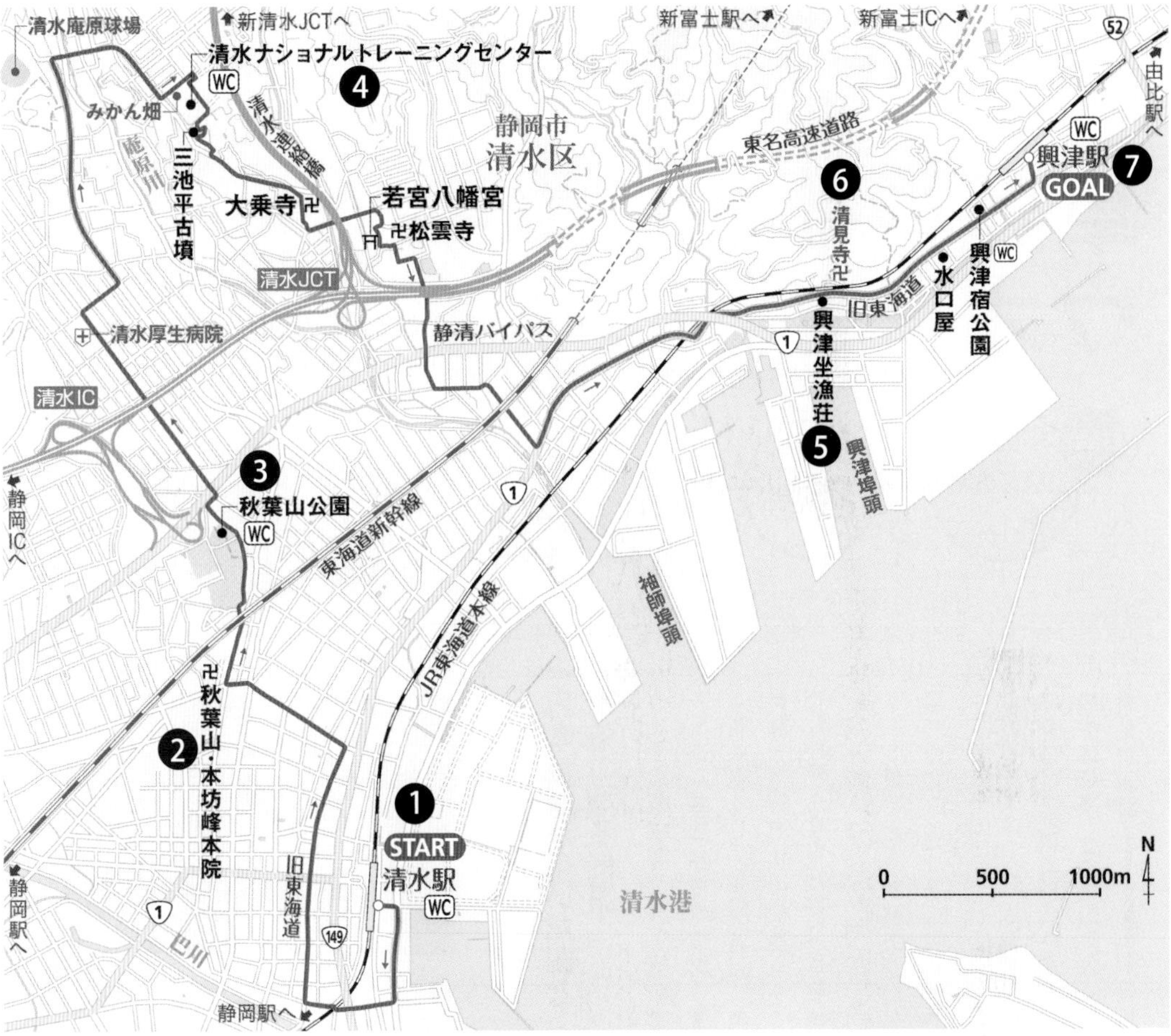

今は東海道線線路が境内を横切り、見えるのは住宅地や港のガントリークレーン群だけ。高度成長期から埋め立てによって埠頭が延び、海辺ははるか遠くなってしまった。

街道沿いの旧本陣跡を過ぎて、「興津宿案内板」のある小公園へと差し掛かったとき、雨はいっそう激しくなった。冷え切った体でJR興津駅にゴールした一向は、さすがにどの顔も安堵の表情だった。

6
清見寺
旧東海道の名刹

7
JR興津駅
GOAL

No.16

景勝地で知られる日本平を目指して

草薙神社と日本平ウオーク

くさなぎじんじゃとにほんだいらウオーク

所要時間	1時間30分
距　離	5km

START ① JR草薙駅 ―▲約30分― ② 草薙神社 ―▲約1時間― ③ 日本平山頂 GOAL

日本武尊が用いた剣と草薙の地名伝説

　JR草薙駅南口から駅前通りを進み静岡鉄道の踏切を渡ると県道407号線（通称・南幹線）に出る。その交差点を100mほど東に行けば草薙神社通りの入口だ。以前はコンクリート製の大鳥居があったが老朽化のために2020（令和2）年に撤去されている。少し勾配のある道の脇には「東海自然歩道」の道標が立つ。東海自然歩道は東京高尾山と大阪箕面を結ぶ約1700kmの長距離歩道で、静岡県内では約170kmが指定・整備されている。日本平山頂を目指すハイキングコースは6本あるが、今回はこの東海自然歩道のバイパスにコースを取る。

　草薙駅から30分ほどで草薙神社に着く。鳥居をくぐった左手には日本武尊《やまとたけるのみこと》の石像。社伝では景行天皇（4世紀前期～中期）が息子の日本武尊ゆかりの地を巡幸した折、その霊を祀ったのが創建という。祭神は日本武尊。『古事記』『日本書紀』によると、日本武尊の東征の途上、この地で賊に襲われ原野に火を放たれたが、大剣で草を薙ぎ払い向い火を放って窮地を脱した。その大剣が三種の神器の一つ、天叢雲剣《あめのむらくものつるぎ》で別名草薙剣で、それが地名の由来になったと考えられる。

　草薙神社から道標にしたがってさらに先へ。今度は東海歩道バイパスコースの案内板があり、ルートを確認しながら坂道を上る。一帯にはミカンやカキの果樹園が広がる。登り切るとまた道標。すぐ近くの歩道橋で車道を跨ぐと、竹林の中にいきなり急な階段が現れた。後ろから来たハイキング客に道を譲り、一息ついてから一歩ずつ進む。

　登り切るとまた緩やかな登りの道。目に映る木々は最初は

START 1 JR草薙駅
すぐそばに静岡鉄道草薙駅がある

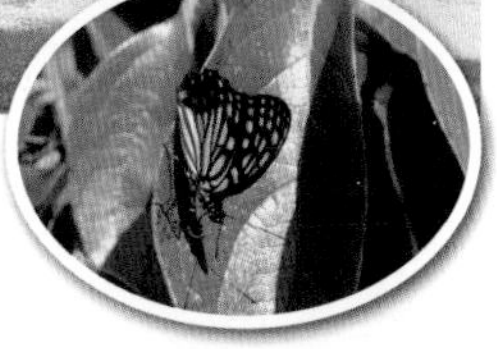

2 草薙神社

日本神話の日本武尊を祭神とする

スギなどの針葉樹。やがてナラやカエデといった落葉樹へと変わる。両側が谷になった尾根道で、標高は低く木々に覆われていて眺望こそないものの、起伏は少なく自然と足取りは軽くなる。吹き抜けるそよ風、野鳥のさえずりも心地よい。市街地に隣接する山なのだが、それを忘れてしまうほど自然を堪能できる。後半は所々階段が現れて若干登りになるが、息が上がるほどではない。歩道橋の入口から20〜30分ほどで分岐に差し掛かるが、しっかりした道標が立っているので迷うことなく「日本平山頂」へ向かう。

秋の例祭では龍勢花火が打ち上げられる

参道に立つ日本武尊の像

涅槃経が元の石碑

日本平の原風景ともいうべき森の道

日本平山頂は記念碑、石碑ラッシュ

しばらくして森の中の土道は舗装路に変わり、視界が広がって左手に日本平ホテルが見える。歩道は駐車場や茶店などがある大きな広場に通じ、その一角にまたも日本武尊の像が立っていた。日本平の名前の由来もまたこの伝説の英雄の名前からきている。

山頂一帯で目にした多くの記念碑、石碑も興味深かった。「日本平登山道開鑿《かいさく》記念」の石碑は「昭和9年（1934）建立」。「赤い靴母子像」は、詩人で作詞家の野口雨情（1882〜1945年）の童謡『赤い靴』をモチーフにしている。「赤

登山道開鑿記念の石碑

赤い靴母子像

伊豆
東部
中部
西部

No.16 草薙神社と日本平ウオーク

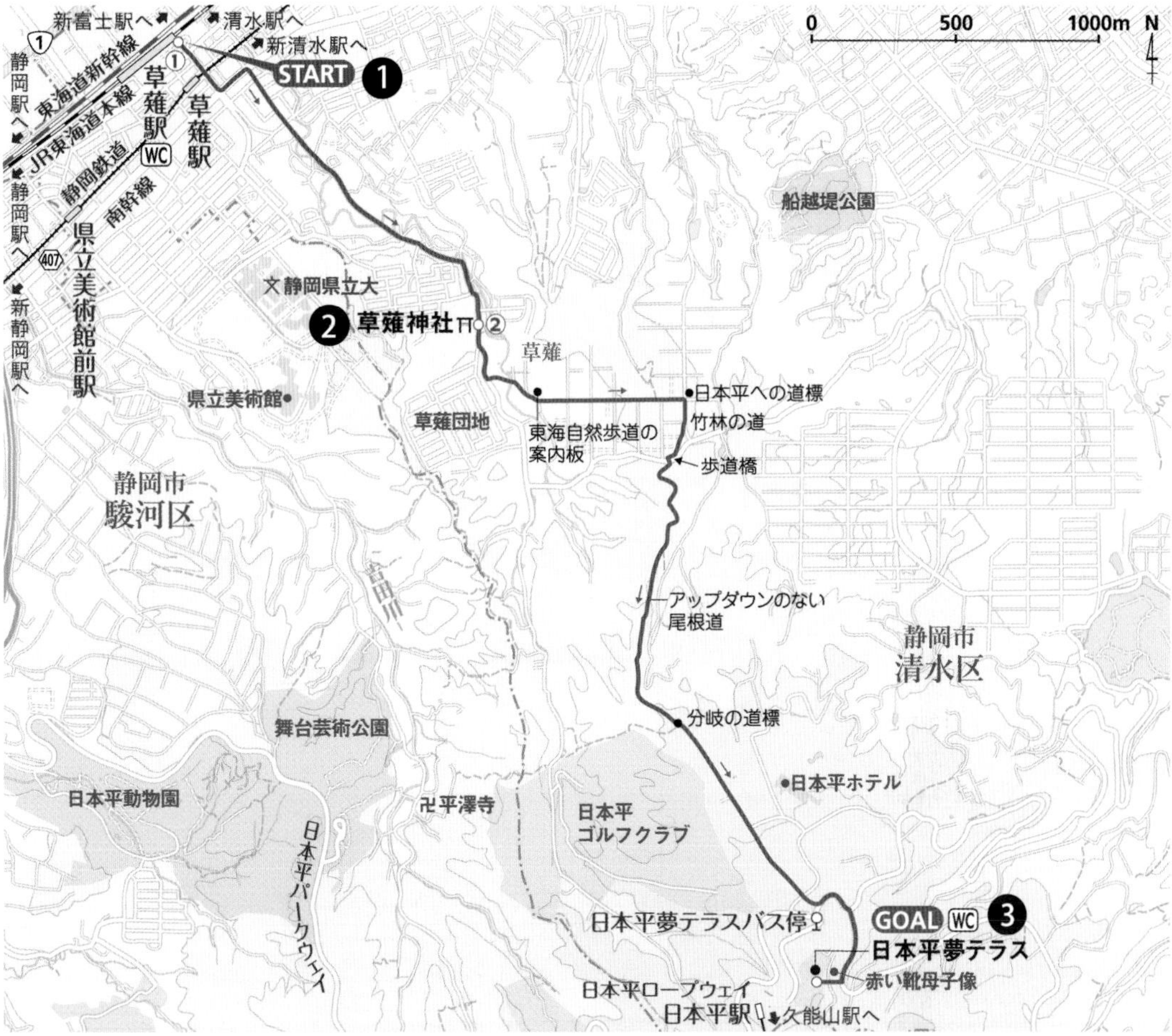

い靴はいてた女の子、異人さんに連れられて行っちゃった」という歌い出しがふと口をつく。女の子が連れられて行ったのは確か横浜の港で、山下公園にも女の子像がある。それがなぜ、日本平に…。調べてみると悲しい物語が背景にあった。実は女の子にはモデルがいたようだ。実母はここ清水の出身。訳あって娘の養育をアメリカ人宣教師に託すが、やがて宣教師は女の子を連れて帰国したと思われていた。が、結核に罹って東京の孤児院で亡くなり、渡米はかなわなかったという。

さて、有度《うど》山《やま》の山頂とその一帯を指す日本平は、標高307mと高くないものの、眺望の良さは抜群で1959（昭和34）年、国の名勝にも指定されている。国立競技場を設計したことでも知られる建築家隈研吾氏が手がけ、2018（平成30）年に完成した「日本平夢テラス」から眺める景色はまさに大パノラマ。眼下には清水の街並みと港、三保半島が広がり、視線を上げれば富士山、西には静岡の市街地が一望できる。空気が澄んでいれば遠く南アルプスの山並みも見ることができる。

山頂すぐ近くに「草木国土悉皆成仏」と涅槃経の一節が刻まれた石碑があった。心を持たない草木国土も仏になり得るという意味で、その後に「国土は富士なり」とあった。「なるほどね」と思わず呟き、山頂を後にした。

3 GOAL

日本平山頂

「日本平夢テラス」からのパノラマビューは絶景

ACCESS

● 帰り・バス/日本平ロープウェイからJR東静岡駅まで29分

No.17

地元の人に愛されている低山歩き

花沢の里～満観峰ウオーク《はなざわのさと　まんかんほうウオーク》

所要時間	3時間
距　離	7km

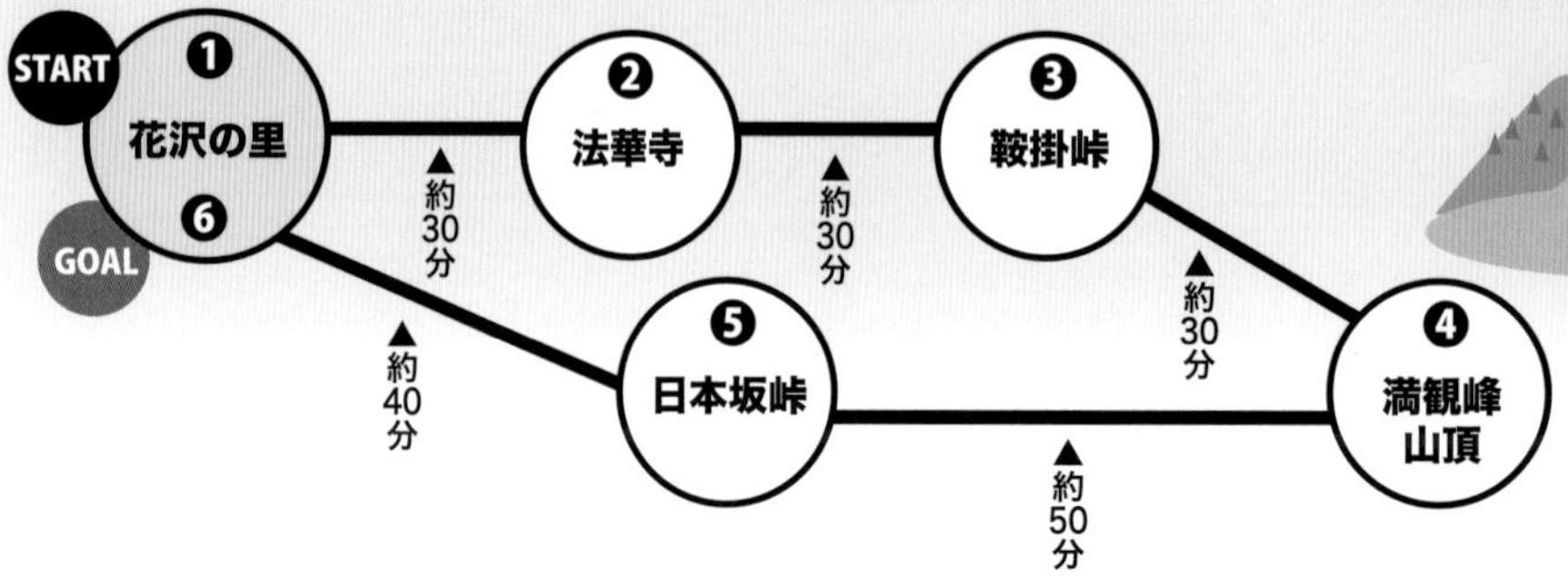

START 1

花沢の里

まるで江戸時代にタイムスリップしたような山村集落

仁王門もある法華寺

今も昔も女性の味方？ぐち聞き地蔵尊

登山道の入口は彼岸花が鮮やか

2

法華寺

「乳観音」として古くから女性の信仰を集めた法華寺

情緒あふれる古道
歩き始めは旅人気分

静岡市と焼津市や藤枝市の境には長々と連なる山稜があり、南端は断崖の大崩海岸となって駿河湾に没している。東名高速道路、国道1号線、東海道新幹線、東海道本線といった〈大動脈〉は、この山塊をトンネルで貫いている。最高峰の高草山で501mと標高は低いが、いくつもの尾根を持つ複雑な地形だ。昔の旅人は、ここを歩いて越えた。江戸時代の東海道は宇津ノ谷峠、最も海岸寄りには日本坂峠があり、古代の東海道といわれる。

花沢の里駐車場から5分ほど歩くと花沢の里だ。山の谷地に軒を連ねる30戸ほどの集落で、万葉集にも詠まれた古道「やきつべの小径」の最奥に位置する。〈やきつべ〉とは焼津の古称だ。石垣と板張りの家並みはどこか懐かしく、隠れ里の趣。同行者が「時代劇のセットみたい」という。江戸、明治期の面影を残す歴史的景観は2014(平成26)年に静岡県内で初めて国の「重要伝統的建造物保存地区」に指定されている。

気持ちのいい樹林帯の道

集落を過ぎると法華寺がある。738(天平10)年、行基によって開山されたと伝わる。以来、天台宗の寺院として栄えたが、1570(永禄13)年、武田信玄が今川氏の山城であった花沢城を攻めた際に焼失した。元禄年間に再興され、今に至っている。本尊は千手観音菩薩だが、同行者が気になったのは仁王門を抜けた先にあった「ぐち聞き地蔵尊」だったようだ。それはともかく道中の安全を願って合掌。

法華寺から緩やかな舗装路を上ると満観峰の登山口だ。焼津市では高草山に次ぐ標高470mの山であり、花沢山(449m)などともに「焼津アルプ

山頂近くから焼津の街や港が見える

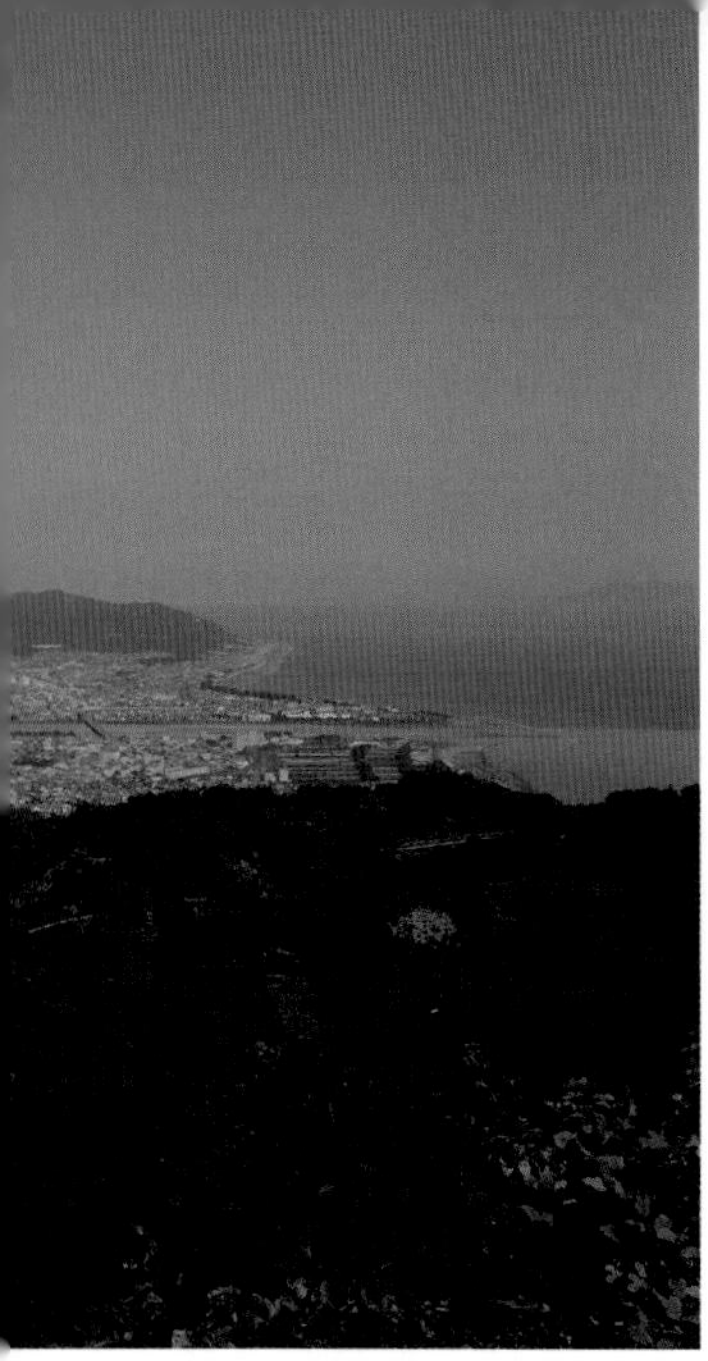

満観峰山頂の標柱にタッチ

3 鞍掛峠

鞍掛峠は藤枝市との市境で高草山登山道との分岐

4 満観峰山頂

山頂は広い原っぱで気分は遠足登山

ス」と呼ばれる。今回は、鞍掛峠を経由し満観峰に登り、帰りは日本坂峠から「やきつべの小径」を辿り花沢の里に戻ってくる周回コースだ。靴ひもを締め直していざ出発。

　スタート地点の標高が20mほどなので満観峰山頂まで450mくらいの高度差になる。登山道は人一人が通れるくらいと狭いがよく整備されていて歩きやすい。何より、要所要所に道標が立っているのが心強い。しばらく歩くと少し視界が開けミカン畑が広がり電柵が張ってある。さらに進むといったん林道に出るが、道路を横断した先の細い脇道を登る。やがて小さな沢のせせらぎが聞こえてくる。さすがに汗をかいたので清流で顔を洗って一息ついた。

　寄り道をしなければスタート地点から1時間ほどで鞍掛峠（標高286m）に着く。藤枝市との境であり、高草山登山道との分岐点だ。鞍掛峠から等高線に沿った比較的平坦な森の中の道が続くが、どっこい終盤にきつい坂が待っている。何とか急坂を登りきると視界が開け、南に焼津の街や港が見渡せる。

　さらに緩やかな道を登っていくと満観峰山頂だ。鞍掛峠から30分ほどの道程だ。山頂は広い原っぱという印象でベンチやテーブルがあり、ハイキング客で賑わっていた。満観峰は眺望の良さで人気の山だ。北の眼下には静岡市の市街地が広がり、この山が焼津市との境であることを実感できる。視線を上げると富士山が見えるが、あいにく霞んで山頂には雲がかかっていた。きれいな富士山を眺めるなら秋から冬にかけた空気の澄んだ時期がおすすめだ。

日本坂峠へ下りる道は急坂ありで手強い

日本坂峠への道は手強い

　山頂でおにぎりを頬張り、日本坂峠に向かって下山開始だ。この道は東海自然歩道のバイパスコースで立派な道標が整っており迷うことはない。基本的には登りより下りのほうが楽だが、下山時には事故が多いのも事実だ。この下りも急で手強い。なるべく膝に負担がかからないように慎重に歩を

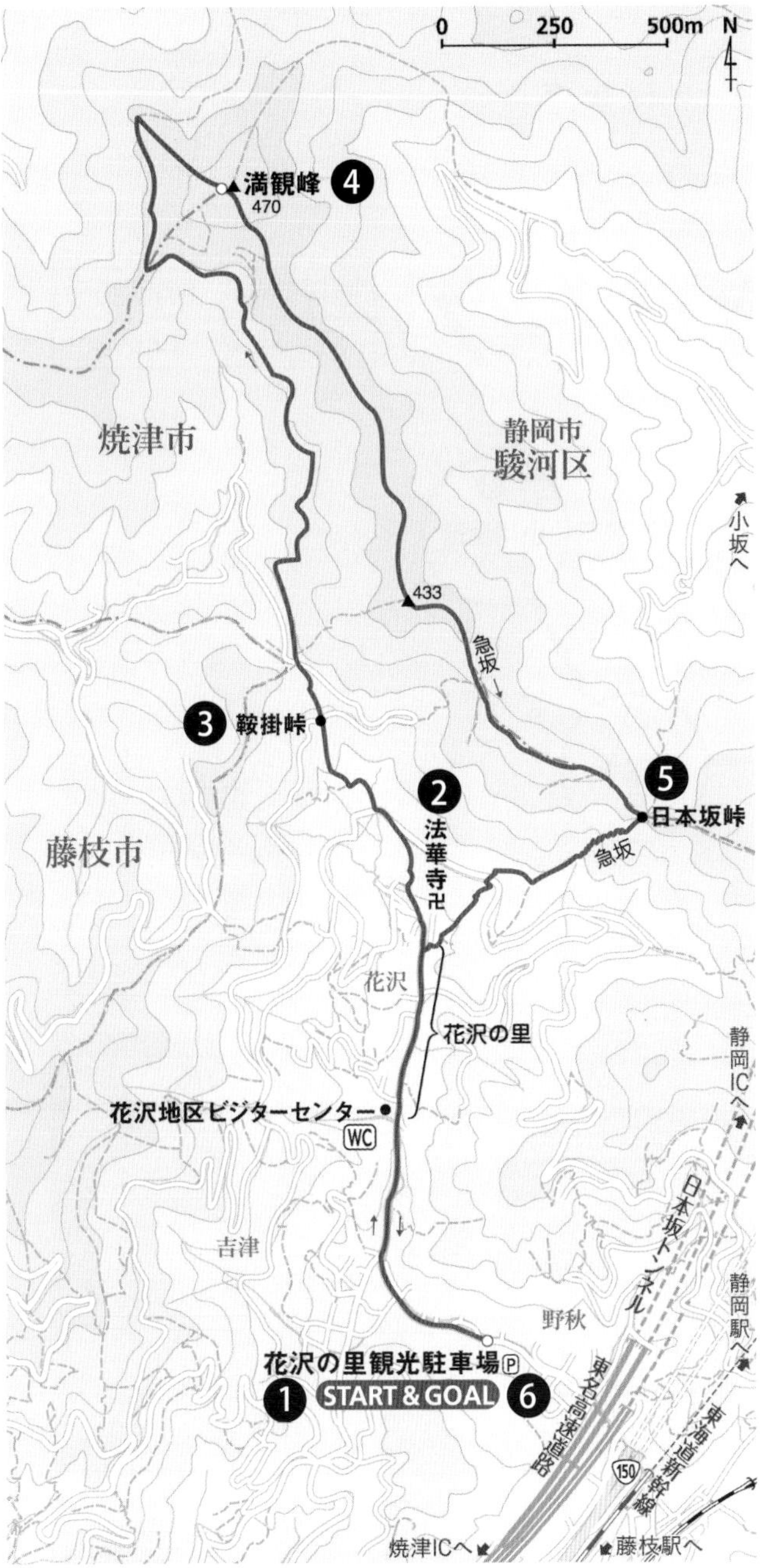

日本坂峠への下りで視界が開けると静岡市を一望

山中に水の分配の神様が祀ってあった

手を合わせたくなる野仏

5
日本坂峠
日本坂峠から北に向かうと静岡市の小坂に至る

進める。眺望のない森の道で目を楽しませてくれるのは路傍の山野草だ。

山頂から50分ほどで日本坂峠に着いた。満観峰と花沢山との鞍部にある峠で、近くには小さな祠があり野仏が微笑んでいた。余談だが、峠の語源は「手向け」だという。旅人が安全を祈って道祖神に手向けた場所を意味する。昔の旅人にとって峠は異郷との境であり、心細さから祈らずにはいられなかったのであろう。日本坂峠の名は、日本武尊の東征伝説が由来する。歴史に思いをはせながら花沢の里に戻って来た。

6
GOAL
花沢の里

季節ごとの山野草も見どころだ

ACCESS
- 往復・車／東名焼津I.Cから花沢の里観光駐車場まで15分

No.18

漁師町焼津で海の幸や文学に触れる

焼津街中・小泉八雲ウオーク

やいづまちなか こいずみやくもウオーク

所要時間	2時間30分
距　離	14km

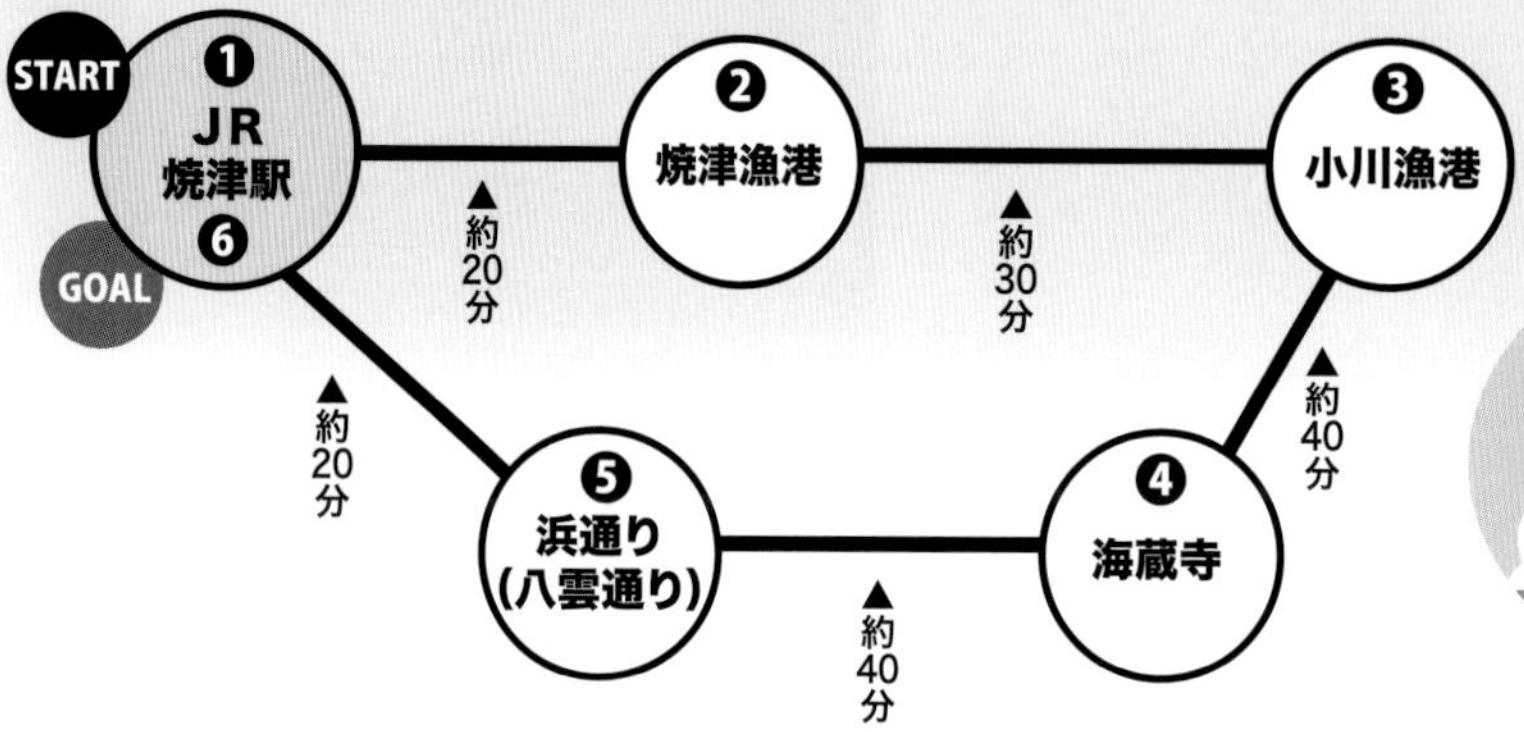

START 1

JR焼津駅

駅前では天然温泉の足湯と小泉八雲の石碑が出迎えてくれる

マグロやカツオで全国に名を誇る焼津

ＪＲ焼津駅南口に降り立つと天然温泉の足湯と小泉八雲の石碑が出迎えてくれる。それ以外はいたって普通、どこの地方都市にもある駅前の風景だ。八雲のことはおいおい触れるとして、とりあえず駅前の焼津市観光協会の事務所を訪ねた。街歩きやハイキングなどのパンフレットが充実しており、どっさりと頂いた。

駅前通り名店街というアーケードを進み、小石川に架かる橋を渡る。県道416号線を渡る。欄干にはなぜか人魚のモニュメントが施されている。県道416号線を渡って市役所のある船玉通りを焼津港へ。

訪れた時期は夏の盛りでカンカン照り、じっとしていても汗が噴き出す。どこか涼しいところはないかと見回すと鳥居が目に入った。住宅の間の参道の先に、うっそうとした鎮守の森。表通りの暑さが嘘のように涼しい。社殿もなかなかの風格だ。「青木神社」といい、創建は不明ながら、出雲大社より遷座したと伝わり祭神は大国主命である。

船玉通りの青木神社と鎮守の森

焼津港の守り神ともいえる船玉浦神社

「うみしる」はちょっとした水族館

2
焼津漁港
黒石川（堀川）河口に発展した焼津港の原点である内港

3
小川漁港
小川漁港は駿河湾や伊豆諸島などの近海で獲れる魚の水揚げが中心

　再び、船玉通りを焼津港へと向って歩く。黒石川河口にある小さな社が「船玉浦神社」。創建は定かではないが、江戸時代に和歌山の熊野本宮大社の奥の院ともいわれる船玉神社から分祀されたと伝わる。祭神は船の神様で、古くから「ふなだまさん」という愛称で漁民の信仰を集めてきた。7月の例大祭では宮司が船に乗り、沖合で小舟に盛った赤飯やお神酒を海に流し、航海安全と大漁を祈る神事が行われる。

　船玉浦神社の背後に見えてくるのが、マグロの水揚げ量日本一の焼津漁港。内港、外港、新港が整備され、規模も大きい。遠洋のカツオ・マグロ船や巻き網漁船や巻き網漁船が入港し、全国の主要漁港の中では屈指の水揚げ高を誇る。

　今、内港と呼ばれているのがもともとの焼津港で、高草山や満観峰といった山々を望む絵になる港である。

　ここで駅前に立つ小泉八雲の碑文を思い出した。「焼津という古い漁師町は、日がカッとさすと、妙に中間色のおもしろ味が出てくる町だ。この町が

親水広場では磯遊びができる

深層水ミュージアム併設の深層水の販売所

臨んでいる小さな入江、その入江に沿う白茶けた荒磯の色が、まるでトカゲのような色を帯びてくるから妙だ。町は、ゴロタ石を積み上げた異様な石垣で荒い海から守られている」（「焼津にて」より）

小泉八雲（1850～1904年）とその家族が最初に焼津を訪れたのは1897（明治30）年の8月のことだ。水泳が得意だった八雲は当時、家族で夏休みを海で過ごそうとめぼしい海岸を探していたという。まず遠州の舞阪を訪れたが、遠浅の浜は海水浴には向いているものの水泳には適さないと気に入らなかったようだ。その後、降り立った駅が焼津だった。八雲は、焼津の深くて荒い海がいたく気に入ったようで、以来、晩年までのほとんどの夏を焼津で過ごした。

八雲が最初に焼津を訪れてから100年以上たち、彼が見た「ゴロタ石を積み上げた異様な石垣」はコンクリートの防波堤に変わった。残る風景は、高草山や満観峰といった山々や

釣り人に開放されている
フィッシングゾーン

近海ものが水揚げされる小川漁港

小川港魚河岸食堂は新鮮な魚料理と豊富なメニューで人気

遠くそびえる富士山くらい。足跡を辿るなら「焼津小泉八雲記念館」に立ち寄るのがお勧めだ。焼津を題材にした八雲の作品に接してみるのもよいだろう。

焼津の海の魅力を伝えるスポットいろいろ

船玉通りの突き当りの通りを南へ。外港、新港に面しているが、船の姿は見えず閑散としていた。しばらく行くと県の水産技術研究所に併設された「うみしる」という無料展示施設。名前の通り「海」を「知る」ことができ、駿河湾に生息する魚や深海生物が泳ぐ水槽をはじめ、静岡の水産業や魚食文化、水産技術の研究成果がパネルなどを展示されている。ちょっとした水族館といった趣だ。

近くには「深層水ミュージアム」。日本で最も深い駿河湾、そこに豊富に存在する海洋深層水に関する情報、資料を無料公開するユニークな博物館だ。海洋深層水は気候変動や人間の営み、プランクトンなどの影響をほとんど受けない。良質な水は水産・食品・医療など様々な分野で活用されている。焼津漁港には水深397mから汲み上げた深層水の取水口が設けられ、ミュージアム併設の販売所で購入できる。

「うみしる」「深層水ミュージアム」と、大人の社会科見学的なコースを堪能しているうちに、今度は公園らしきものが見えてきた。「親水広場ふぃしゅーな」は、新港エリアに位置し、海と親しむことをコンセプトに2009年にオープンした。海水を引き込み海の生き物と触れ合える潮だまり、釣りが楽しめるフィッシングゾーンなどが整備されている。釣り人の脇にはバケツにイワシが数匹泳いでいた。

新港から黒石川を渡ったところに小川漁港がある。焼津地区とは違い、水揚げは駿河湾や伊豆諸島など近海が主になっている。訪れたのは昼頃で、ちょうどクロムツの水揚げの最中だった。さて「そろそろ腹も…」と思っていると、何とも都合の良いことに目の前には「小川港魚河岸食堂」の看板。小川漁協の運営で一般にも開放され、新鮮な魚料理が手頃な値段で食べられる人気店だ。

いまはモニュメントになっている明治時代の堤防

焼津を愛した小泉八雲の足跡をたどる

南北に長い焼津の海岸をそぞろ歩いた後、黒石川に沿って西に向かい、海蔵寺を訪ねた。

5 **浜通り(八雲通り)**
浜通りの裏手を流れる黒石川(堀川)

4 **海蔵寺**
小泉八雲の「漂流」にゆかりのある海蔵寺

寺伝によると創建は1305(嘉元3)年、本尊は延命地蔵尊。1500(明応)年、漁師が城之腰沖で地蔵尊を拾い上げ、当寺に還したとのいわれがある。小泉八雲の作品「漂流」の主人公、天野勘助が乗った船が1859(安政6)年、紀州灘で難破。波に翻弄されるなか、命をつないでくれた船の板子を奉納した寺としても知られる。

ここから再び、海辺へ戻って浜通りを歩く。「焼津発祥の地」と称される歴史ある通りだ。江戸時代、徳川家康から八丁櫓(8本の櫓を備えた船)を許されたことからカツオ漁で栄えた。並行して流れる堀川は同じく江戸時代に掘削された運河で、大井川流域で伐採された材木を焼津港まで運ぶために使われたという。漁業の発展に伴って鰹節などの水産加工業が盛んになり、今も鰹節や練製品の加工場、小売店が

昔は大漁旗の染物屋だった

魚の加工場が建ち並んでいた通りだ

浜通りにある八雲住居跡

漁港ならではの一品、練り製品

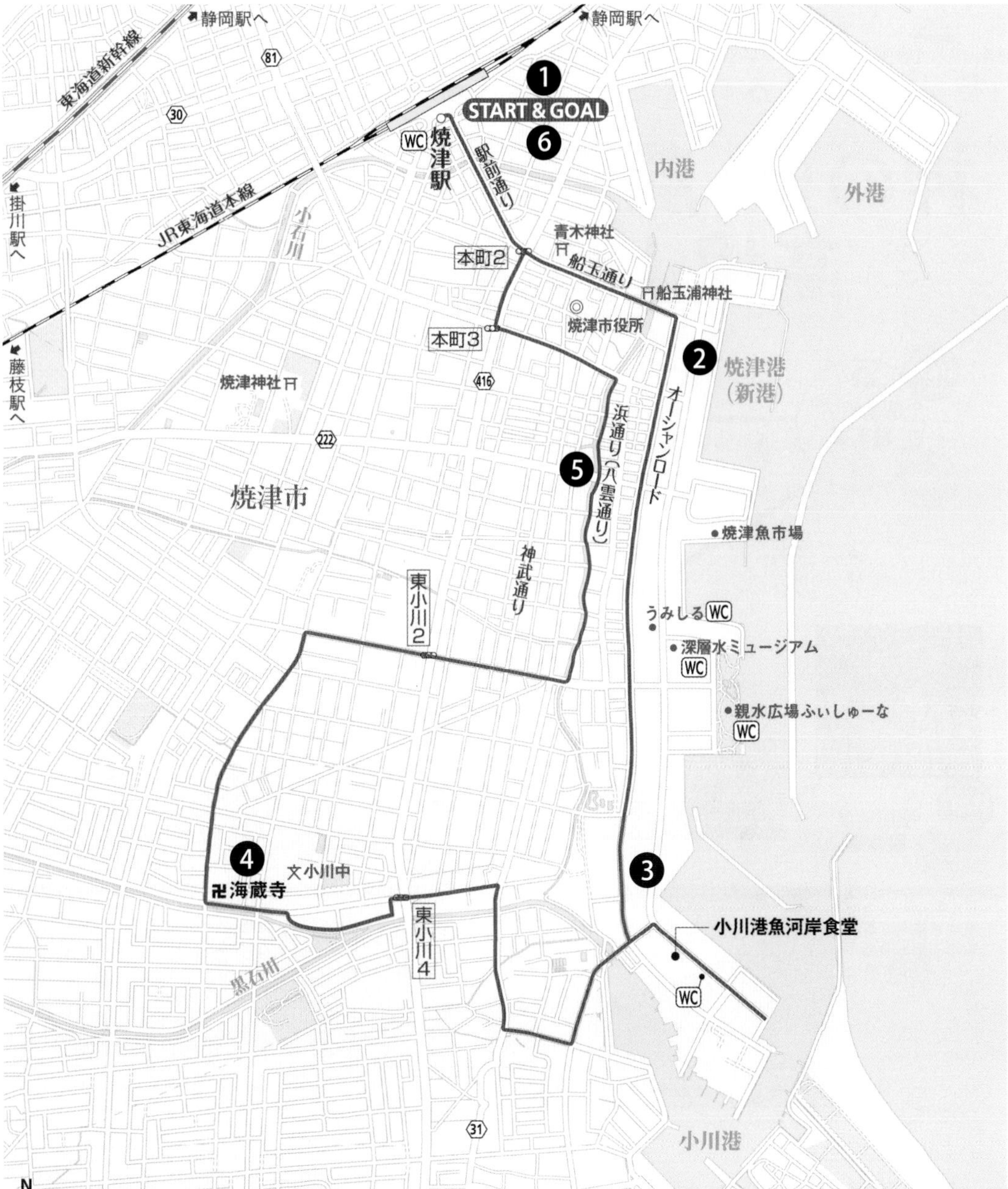

JR焼津駅 6 GOAL

歩いた後は足湯に浸かって一息

点在している。浜通りには小泉八雲が滞在した魚商人・山口乙吉の住居跡がある。焼津気質で開けっ広げな乙吉の人柄に惚れ込んだと言う八雲…。夏の盛り、二人が時を過ごしたであろう浜通りは、まるで午睡をとっているかのように静かだった。

No.19

巨木や大迫力の滝と見どころめじろ押し

神の里・蔵田高根山ウオーク

かみのさと くらた(たかねさん)ウオーク

所要時間	3時間30分
距　離	7km

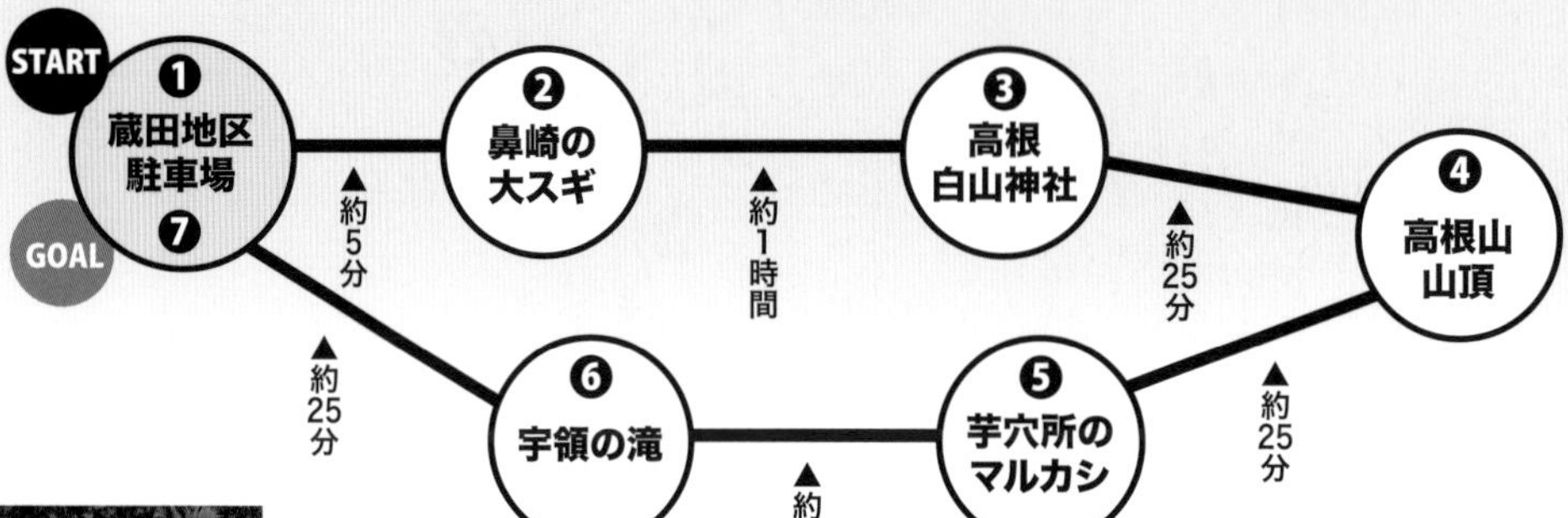

START 1 蔵田地区駐車場

登山道入口には石灯籠が立つ

蔵田集落は、かつては林業やお茶栽培で活気のあったところだが過疎化が進む

登山道から眺める茶畑

参道入口で出迎える樹高27mを超える大スギ

藤枝市瀬戸ノ谷《せとのや》の山間に蔵田集落が高根山(871m)の登山口。地図を広げると島田市との市境が近い。集落の標高は420mほどだ。近くの無料駐車場から歩き始めてすぐに鳥居が見えてくる。傍らには幹回り8m、樹高28m、推定樹齢700年ほどの「鼻崎の大スギ」がそびえている。県指定の

2 鼻崎の大スギ

根廻りの太さは県内有数だという

広場で思いがけないサプライズ

3 高根白山神社

瀬戸川の水源である高根山を御神体とした神社

高根白山神社までは
舗装路の登山道だ

山口から50分ほどのところでぱっと視界が開け広場へと出た。奥に進むと幾重にも重なる山稜の向こう側に墨絵のような富士山。思いがけない出合いにちょっぴり得した気分だ。

もう少しだけ眺めていたい思いを振り切って、さらに10分ほど登っていくと清冽な山の水が溢れる手水舎《ちょうずや》があった。その先にある、古色を帯びたお社が高根白山神社である。標高722m。「白山」の名の通り、北陸の霊峰白山に由緒を持つ。社伝によると、平安時代末期の文治年間(1185〜1190年)に、加賀国の白山比咩《しらやまひめ》神社から分霊された。水の恵みの神を祀る神社が鎮座する高根山は、今も志太平野を潤す大切な水源の一つ。神社の両側には天然記念物で、高根白山神社の御神木として守られてきたという。

鳥居をくぐると舗装路の両脇に石灯篭。ここは高根山の登山道であり高根白山神社の参道でもあるのだ。眼下に、よく手入れされた茶畑が広がっていた。蔵田はお茶の産地でもある。ただ高齢化、過疎化で生産農家は減っていると聞いた。

曲がりくねったつづら折れの坂道が、スギ・ヒノキの暗い森に続いている。高度が上がるにつれて落葉樹も増えてくる。登

山頂の標柱にタッチ

枯れることがない泉があり、神水として信仰を集めている。毎年10月29日の大祭には、五穀豊穣、豊漁など収穫に感謝して古代神楽も奉納されている。

4 高根山山頂
山頂からの眺望はいまいちだが気持ちのいい広場

手水舎には東海自然歩道の大きな案内板があった。高根山はそのコースになっているのだ。舗装路の脇から細い道が伸びる。登山道はよく整備されていて歩きやすい。20分ほどで平坦な尾根へ。右手に高根白山神社の奥宮、左に進めば高根山山頂である。山頂といっても木立や笹に囲まれ、眺望は良くないが、丸太のベンチがあり休憩はできる。

一息ついてから「家山」方面に向かって下山開始。しばらくは起伏のない尾根道を行く。

気持ちのいい落葉樹の森を行く

落葉樹の落ち葉の道はサクサクと歩けるので気持ちがいい。やがて「家山」と「マルカシ」と書かれた分岐の道標まで来たところで、地図を確認してから「マルカシ」へと進む。次第に周りは暗い植林の森に変わり、足元も細かい石のザレ道に。急で滑りやすいので慎重に歩く。

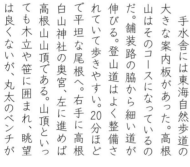

すると突然、笹薮と木立に囲まれた斜面にぬっくと巨木が現れた。道標にあった「芋穴所《いもあなど》のマルカシ」は、このアカガシのことだ。葉っぱが鋸歯状ではなく比較的丸いことから地元ではマルカシと呼ばれる。幹回り5・5m、樹高17mの巨木は、県の天然記念物に指定されている。

5 芋穴所のマルカシ
幹回りの太さだけでなく枝が四方に広がる姿が見事

滝のマイナスイオンを浴びたらあと少しでゴール

そこから未舗装の林道に出た先に、「宇嶺《うとうげ》の滝」と書かれたハイキングコースの道標があった。植林の森を下っていくと水音がして沢が見えてきた。瀬戸川の源流域だ。緩やかな沢沿いの道を歩き、渡りやすい渡渉点を探す。幸い浅瀬に沢飛び石があった。足元を濡らすことなく渡れたが、増水時はこうはいかない。気をつけたいところだ。

さらに2つ目の渡渉点を渡り切ると県道32号藤枝黒俣線に出る。この道も東海自然歩道

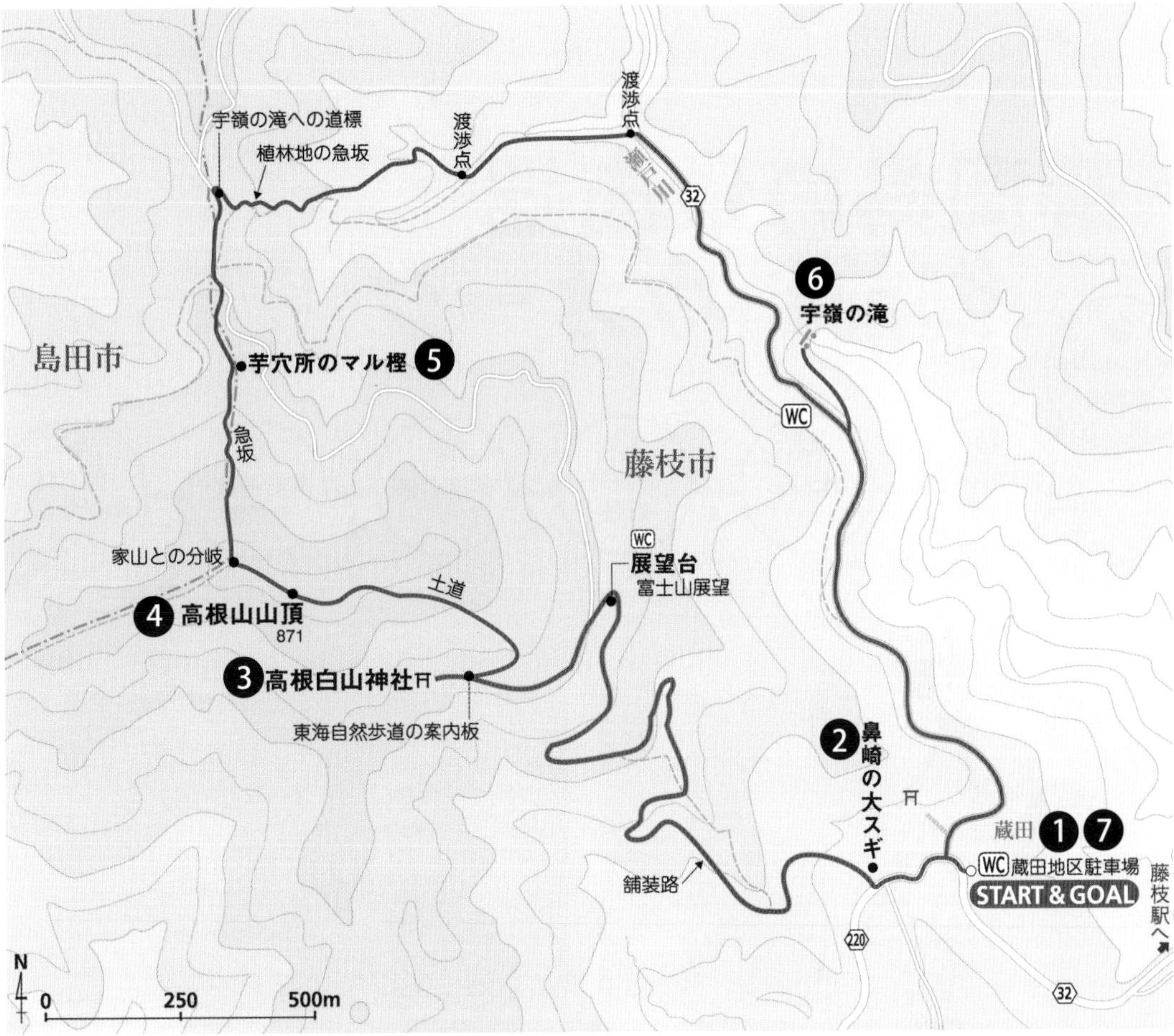

の一部だ。ほとんど車の往来がない緩やかな舗装路を歩いていると「宇嶺の滝」の大きな石碑があった。滝に向かって5分ほど遊歩道を下ると観瀑台。断崖から一気に落差は70m、東海有数の名瀑はなかなかの迫力だ。宇嶺の滝から32号線に戻って20分ほどで蔵田の集落が見えてくる。

ここまでの行程は約7km。帰路、公設民営施設「瀬戸ノ谷温泉ゆらく」を見つけ、迷わずお邪魔した。天然温泉が疲れた足に何とも心地よかった。

6 宇嶺の滝
瀬戸川の源流の一つを落下する。東海自然歩道の見どころ

7 蔵田地区駐車場
GOAL

ACCESS
● 往復・車/国道1号線バイパス谷稲葉I.Cから蔵田観光駐車場まで40分

No.20

潮風に背中を押されて歩く海岸線

静岡県の最南端《しずおかけんのさいなんたん》 御前崎ウオーク《おまえざきウオーク》

所要時間	2時間10分
距　離	6.5km

START ❶ エコパーク駐車場
▲約30分
❷ マリンパーク御前崎
▲約20分
❸ カメ石
▲約30分
❹ 御前埼灯台
▲約10分
❺ 潮騒の像
▲約20分
❻ 駒形神社・ねこ塚
▲約20分
❼ 御前崎海鮮なぶら市場 GOAL

START 1

エコパーク駐車場

御前崎港一帯は、物産会館や公園など観光施設が整備されており、楽しく散策できる

2 マリンパーク御前崎 ビーチの砂はきめが細かく風紋も美しい

広い空！蒼い海！季節外れのビーチも魅力

ヤシの木通り沿いのエコパーク駐車場（無料）に車を止めて歩き始める。最初に立ち寄った御前崎漁港は、市場のセリも既に終わり閑散としていた。この港に揚がる一本釣りのカツオは静岡県内の水揚げ量の7割を占め、「御前崎生かつお」のブランドで知られる。近くの桟橋では青空の下、オジサンたちが釣りに興じていた。

漁港からマリンパーク御前崎へ。立ち並ぶヤシの木々と風力発電の風車が印象的な海洋レクレーション施設だ。まるで眼鏡フレームのように湾曲した2つの砂浜は入江の海水浴場ゾーン。西ビーチ、東ビーチと名付けられ、夏ともなると大勢の人で賑わう。西と東をつなぐ遊歩道の突端にある「海のテラス」に立つと、富士山がうっすらと海上に浮かんで見えた。オートキャンプゾーンは人気アニメ『ゆるキャン△』の舞台になったという。ほかに芝生広場、港の見える丘といったゾーンが整備され、西側には海亀の見える丘ゾーンがあった。御前崎海岸は絶滅危惧種アカウミガメの産卵地として、カメ共々、国の天然記念物に指定され、地域を挙げて保護活動が行われている。孵化場がマリンパークに隣接して設けられていた。孵化場辺りから県道357号線の歩道を南に進むと、穏やかな砂浜とは打って変わって荒々しい磯が防波堤越しに現れた。波打ち際には生きた亀ならぬ「カメ石」。一帯にはごつごつとした岩場、岩礁が多く、古来航海の難所と言われてきた。

さらに南に進むと「静岡県最南端の岬」と記された方位標柱が、海を背に立っていた。〈端〉はなぜか独特の空気感を醸し出す。これより先はない、一番外れの地。じっと海原を眺めていたら、つい感傷的になってしまった。

標柱から県道357号線を渡れば、この地のシンボルへと続く坂道である。途中には「地球が丸く見えるん台」という展望台。そういわれると目の前に広がる水平線も少しずつ丸みを帯びて見えてくるから不思議だ。

3 カメ石

砂浜から岬の突端に向かうと荒々しい磯になる

最南端は強い風が吹いていた

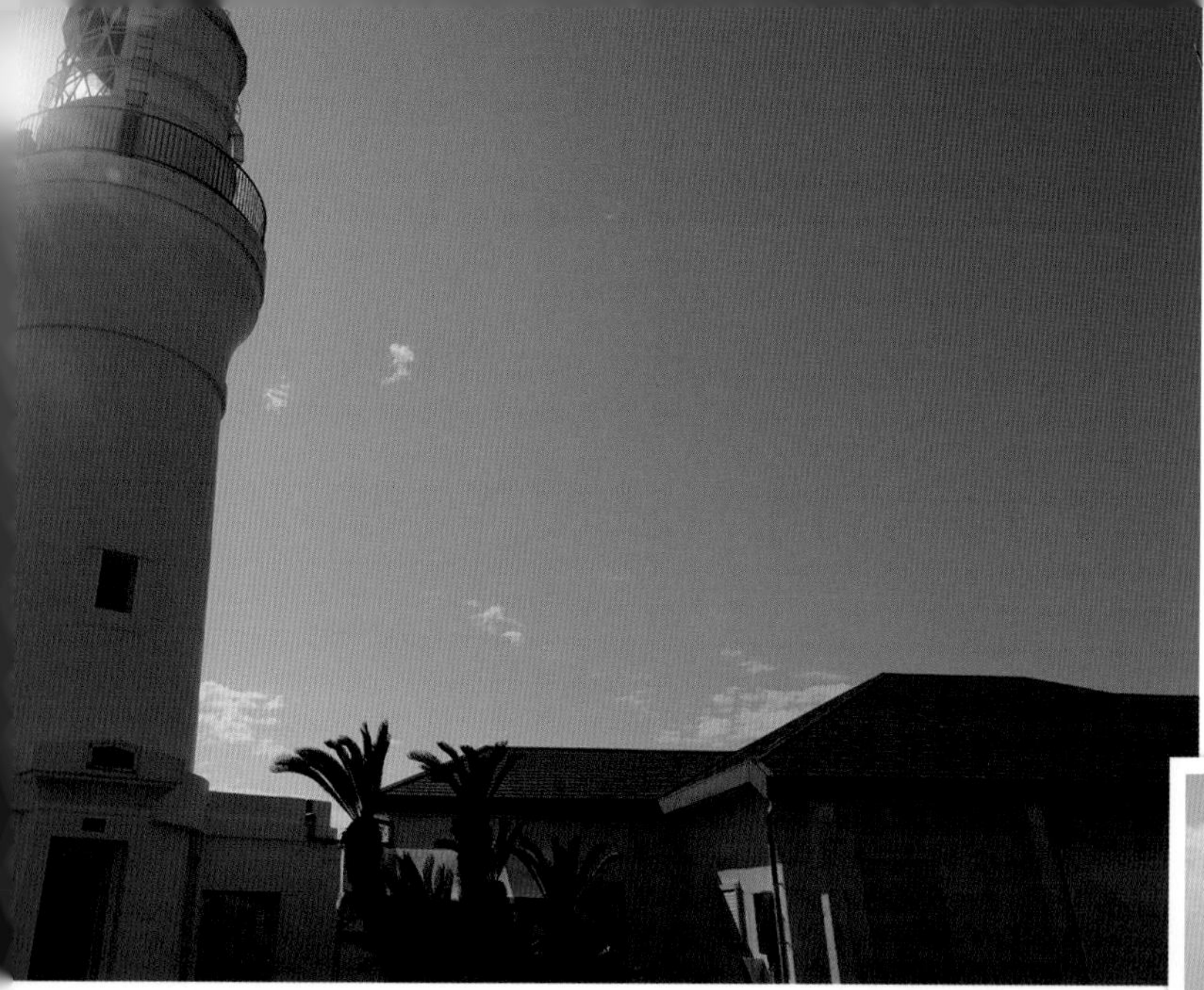

灯台の内部は常時一般公開されている

4 御前埼灯台

写真上は復元された見尾火燈明堂

5 潮騒の像

県立自然公園に指定された記念に建てられた「潮騒の像」

御前崎ケープパークにあるねずみ塚

昭和レトロな土産店も健在

照葉樹の遊歩道

灯台周辺の散策も楽し
ゴールで待ってる
カツオの刺身

そして間もなくシンボルに到着。もちろん「御前埼灯台」である。すでに触れたように御前崎周辺は岩場で、座礁して難破する船が後を絶たなかった。そこで江戸幕府は1635(寛永12)年、「見尾火燈明堂」を造った。明治に入って〈灯台の父〉と呼ばれる英国人R・H・ブラントン設計の西洋式灯台が1874(明治7)年に完成し、初点灯した。白亜の御前埼灯台は映画『喜びも悲しみも幾歳月』のロケ地になり、「日本の灯台50選」にも選定された。

灯台前広場で小さな詩碑が目に入った。〈おお 御前崎 この断崖で海は二つに切られている 駿河の光と 遠江の風に〉。詩人丸山薫(1899〜1974年)作。詩にあるように地図上でも伊豆半島の石廊崎から御前崎を結ぶ線の北側が駿河湾、その南側は遠州灘だ。今日の強風は〈遠州のからっ風〉かもしれない。

御前崎は牧之原台地の南端に位置する隆起した海岸段丘で、灯台は海抜50mほどの台地にある。周辺は「御前崎ケープパーク」として整備され、ツバキや林床のツワブキなど照葉樹が印象的な森の遊歩道になっている。灯台から15分ほど歩くとケープパークの西端に出る。「潮騒の像」が立つ展望台は「日本の夕日百選」に選定された名所で、西側は一面のササ原。遠くには風力発電施設の風車を望み、まさに風の岬を体感できる最高のロケーションだ。

御前崎ケープパークを後にすると、行く手にごく普通の住宅地が広がる。土地は真っ平で、英語で台地を意味するテーブルランドを文字通り実感できる。目印となる建物や地形がないので地図を頼りに東へと進む。やがてこんもりとした森が見えてきた。駒形神社の鎮守の森だ。創建は534年というから飛鳥時代。奈良から平安時代にかけては馬を飼育した官営の牧があったようで、社号の「駒」との関係がうかがえる。御前崎という地名も御厩《うまや》崎、厩崎が語源という説がある。現在は航海安全、豊漁祈願の神社として信仰

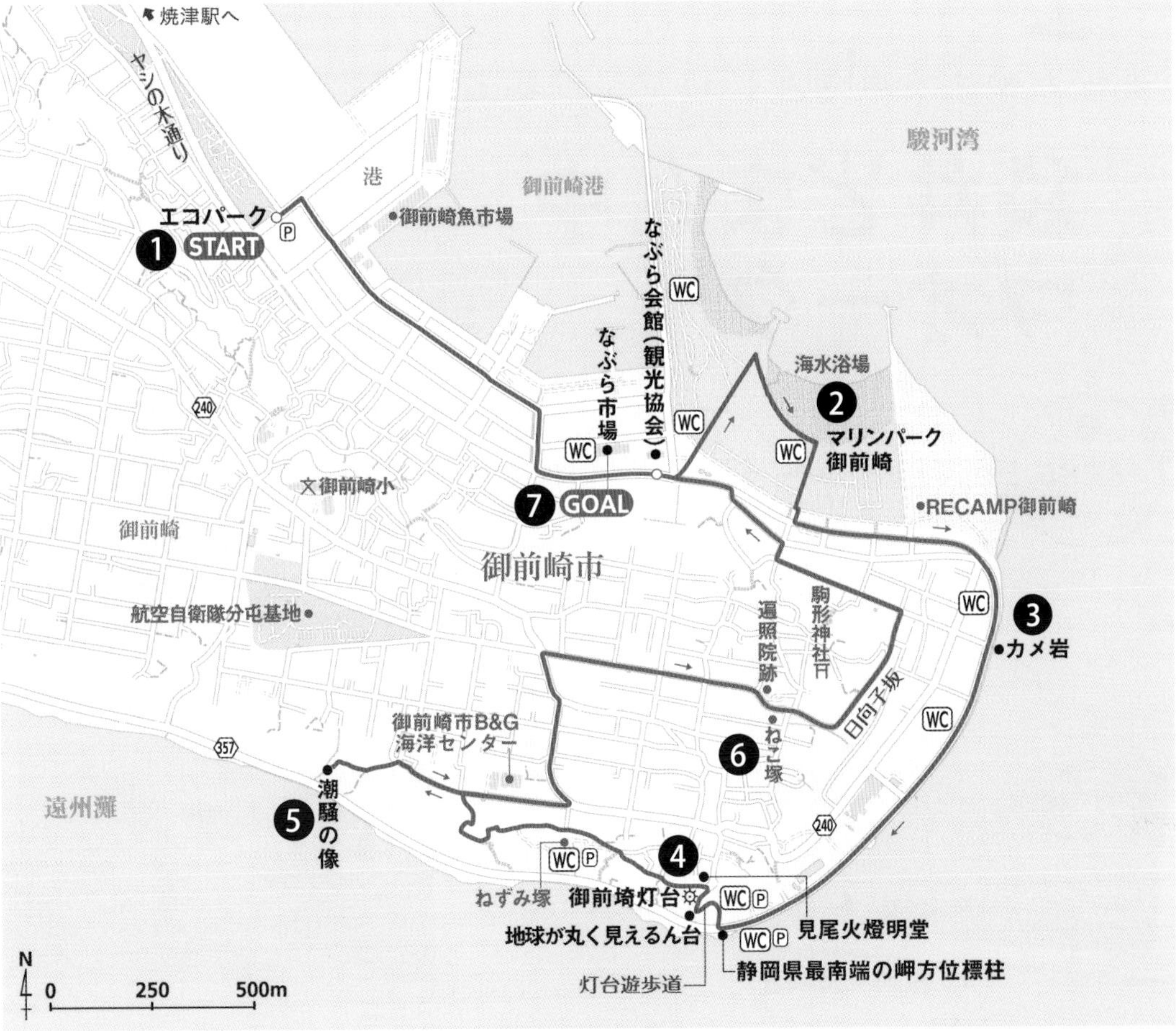

されている。

近くには遍照院という寺院跡がある。寺には猫とネズミにまつわる、次のような話が伝承されていた。――昔々、住職が難破した船の木片にすがって溺れかけていた子猫を助けて寺で可愛がっていた。ある時、旅の僧に化けて寺を訪れた大ネズミに猫が気付き、隣家の猫と力を合わせて、住職を喰い殺そうとしたネズミを命がけで退治した――。見事住職の危機を救った猫は「ねこ塚」に祀られ、それは今も住宅街の一角に残る。その後、改心した大ネズミを祀る「ねずみ塚」も御前埼灯台近くに建っている。

ねこ塚から日向子坂を下れば、いよいよゴールの「御前崎海鮮なぶら市場」。新鮮なカツオや地魚が待っているかと思うと自然と急ぎ足になった。

6 駒形神社・ねこ塚

駒形神社近くに建つねこ塚

なぶら市場で食べた「カツオの刺身定食」

7 GOAL

御前崎海鮮なぶら市場

新鮮な魚介類がお土産に買える市場

海にまつわる絵馬が多い

いまは海の守り神として信仰される駒形神社

ACCESS

● 往復・車/東名相良牧之原I.Cからエコパークまで25分

No.21

青松が映える東海道にロマンが香る

袋井どまん中ウオーク

ふくろいどまんなかウオーク

所要時間	3時間
距　離	14km

START ❶ JR愛野駅 ▲約30分 ❷ 久努の松並木 ▲約1時間 ❸ 久野城址 ▲約1時間 ❹ 澤野医院記念館 ▲約30分 ❺ JR袋井駅 GOAL

旧東海道までの道程は単調だ

START 1

JR愛野駅

2001年に開業した愛野駅周辺は新興住宅地

東海道を歩いて旅人気分に浸る

スタート地点のJR愛野駅は、2002年に開催されたサッカーW杯会場の静岡スタジアムエコパの最寄駅として2001年に整備された。駅前の大きな建物といえば所々に建つマンションぐらい。空がやけに広く感じられる。

愛野駅から逆川、原野谷川の川岸を歩いて旧東海道の松並木を目指す。季節は初夏、午前中からすでに相当な気温で、期待していた川面からの風もそよとも吹かない。汗を拭いながら進むと、行く手に涼し気な緑の木立が見えてきた。旧東海道の約2・8kmにわたって続く「久努の松並木」。枝ぶりも見事な約200本の松が、土塁に幹を伸ばしているさまは往時をほうふつとさせる。地域住民でつくる愛護会が草刈りや枝打ちなど保全に努め、静岡県景観賞にも輝いた、ウオーキング愛好者には外せない名所の一つだ。

この先は袋井宿。東海道が整備された慶長6年(1601)から遅れること15年後、元和2年(1616)に設けられた。追加された理由は東の掛川宿、西の見付宿の間が約20kmと長すぎたことから、旅人の便を考えてのことだったらしい。この宿場は東海道五十三次の宿のうち、江戸から数えても京から数えても27番目のちょうど中間地点。袋井市は「東海道どまん中」というキャッチフレーズを掲げ、観光PRに役立てているという。

「ど真ん中」に向けて歩を進めると、唐突に赤鳥居が現われた。冨士浅間宮の門前なのだが、本殿との間に東名高速道路や国道1号線が通っていて、鳥居だけ取り残されたように建っている。

冨士浅間宮は大同年間(806~10)、征夷大将軍の坂上田村麻呂が富士浅間神社から分霊して建立したといわれる古社。焼失を経て天正18年(1590)に再建され、寛永15年(1638)遠江久野藩主・北条氏重によって現在の地に移された。本殿は室町時代の特色を示す三間社流造という優

途中で出合った秋葉山常夜燈

2 久努の松並木

江戸時代の旅人が松の陰から出てきそう

旧東海道沿いに立つ冨士浅間宮の鳥居

松並木を見に来てください

久努の松並木愛護会の皆さん

旧東海道から久野城址までの田園風景

久野城址まであとひといき

3 久野城址

曲輪や堀切、土塁、井戸などが残されている久野城址

保存会オリジナルのお菓子

本丸辺りからの眺め。東海道監視の城でもあったようだ

美な造りで国の重要文化財に指定されている。

旧東海道をそれ、東名高速道路の高架をくぐると、前方に小高い丘のような久野城址が見える。周囲1kmに満たないものの、半島状に突き出した地形を利用して、堀切、曲輪、空堀、土塁が築かれていて、戦国時代の平山城の特徴をよく残している。築城したのは明応年間(1492〜1501)今川氏に属した久野宗隆と伝わる。その後、徳川の家臣となった久野宗能が城主となり、2度にわたる武田軍の攻撃に耐えたという。

天正18年(1590)秀吉の家臣松下之綱が城主の時、大規模に改築された。現在の遺構はほぼこの時のもの。正保元年(1644)には廃城となっている。登ってみると眺望は抜群で、旧東海道がよく見下ろせる。昭和52年(1977)、一帯に宅地造成計画が持ち上がり、破壊の危機に瀕したが久野城址を市の財産として後世に伝えていこうと保存会が発足。美化活動のほか、散策路を整備するなどの活動に取り組んでいる。

宿場で食べる 江戸時代の高級料理

旧東海道を北へ迂回するコースを取って袋井宿の西端へ。道に面した、良く目立つレトロな建物が袋井市指定文化財の旧澤野医院だ。安政元年(1854)に造られた和風の居宅、大正5年(1916)築の洋館、昭和9年(1934)築の病棟からなる。澤野家は、享保12年(1727)に書かれた「山名郡川井村差出明細帳」に内科医として記されている。地域医療を長年担ってきた同家が建物を市に寄付し、今は記念館として一般公開されている。この日は休館日だったため、中は見学できなかったが、クラシカルな外観は実に趣深かった。

そしてゴールはもう目前。ここで、やり残していたことを思い出した。それは袋井宿名物の「たまごふわふわ」を食べること。「居酒屋 ど真ん中」に立ち寄り早速注文した。この料理は1626年、京都二条城で開かれた「将軍家の饗応」のためのもので、当時は武士や豪商しか

No.21 袋井どまん中ウオーク

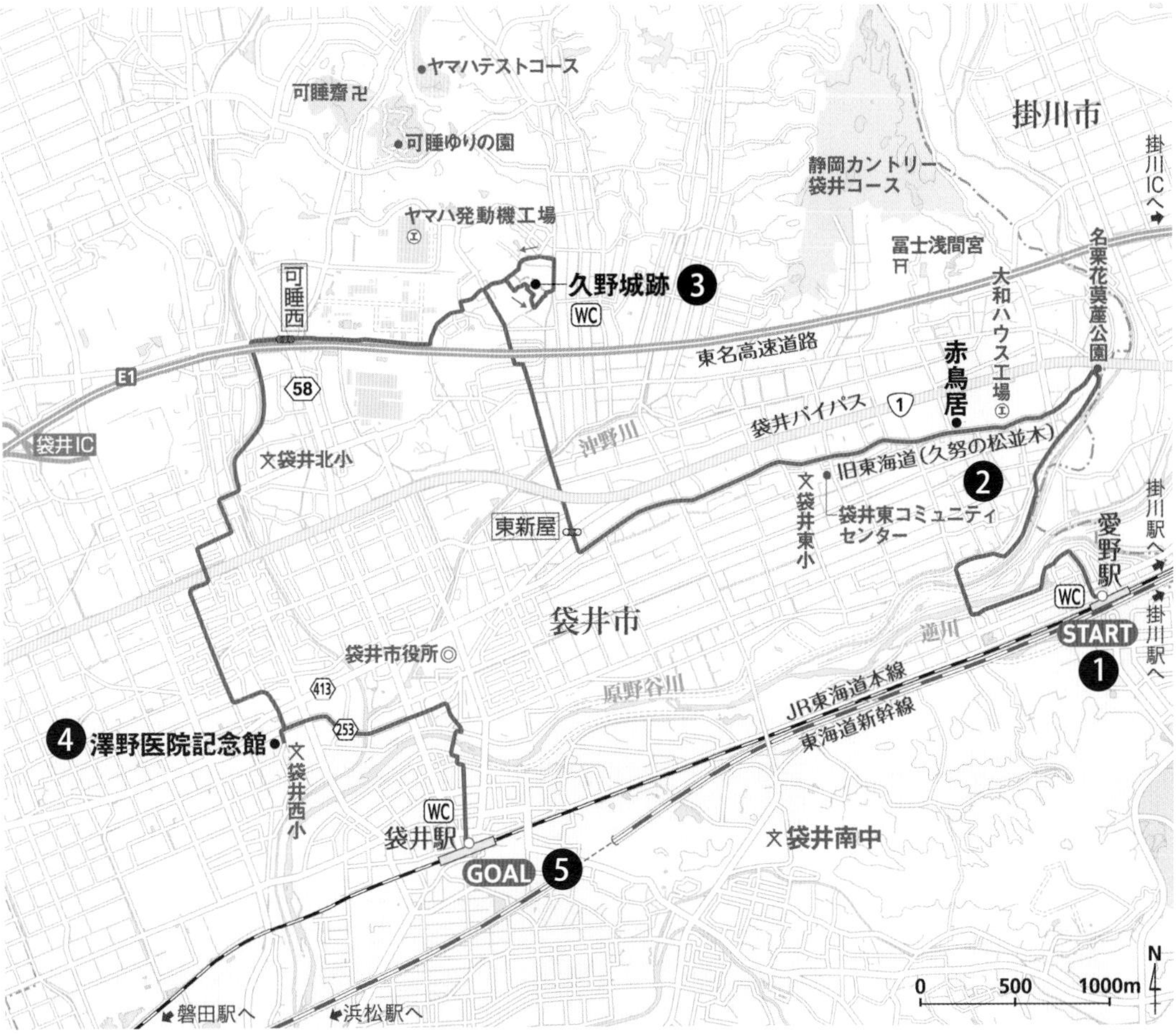

食すことができなかったという。料理は卵と出汁のみ。シンプルだが、卵を文字通りフワフワに調理するには熟練の腕がなければ難しいと聞いた。卵の口どけと出汁の香りがたまらない。ずっと炎天下を歩き暑さには閉口したはずが、アツアツの料理を口にすると不思議と汗が引く思いで心地よかった。

4 澤野医院記念館

江戸時代から地域医療を担ってきた澤野医院

袋井宿名物「たまごふわふわ」

5 GOAL

JR袋井駅

一緒に歩いた静岡里山歴史ウオークの会メンバー

No.22

日本の代表的な塩の道をたどる

掛川《かけがわ》 塩の道ウオーク《しおのみちウオーク》

所要時間	4時間
距　離	15km

START 1

JR掛川駅

掛川駅北口の木造駅舎はなかなか味わいがある

掛川は中心部でも緑が多い

秋葉山常夜燈を見つけながら秋葉街道を行く

「塩の道」とは、かつて海と山を結んだ交易ルート。海辺で取れる塩や海産物を内陸へ運び、内陸部からはいわゆる山の幸のほか、木材、鉱物などが運ば

東光寺・十九首塚 2
旧東海道沿いにある東光寺には
十九首塚がある

秋葉神社
掛川遥拝所 3
大池橋の側にある
秋葉神社の遥拝所

東光寺山門脇に立つ秋葉山常夜燈

現在の大池橋付近の五差路

れた。全国各地にあり、日本海側の糸魚川(新潟県)から塩尻(長野県)に至る千国《ちくに》街道は往時の面影を残す道としてよく知られている。もちろん道は太平洋側からも延びていた。遠州相良(静岡県)から信濃塩尻(長野県)まで総延長約230km。秋葉山本宮秋葉神社(浜松市天竜区春野町)への参詣路「秋葉街道」もその一部である。

江戸時代中期、相良藩(現牧之原市)の初代藩主田沼意次が領民に塩づくりを奨励し、相良は塩の一大産地となった。塩をはじめさまざまな物資はここから内陸各地へ輸送された。後に「南塩ルート」とも呼ばれる県内の道筋はおおむね、相良―掛川―本郷―森―三倉―秋葉山―水窪―青崩峠。今回は、旧東海道の掛川宿から本郷までの約15kmを歩く。

掛川駅北口から県道37号線を東へ進むと「塩町南」の交差点。北側の一帯が「塩町」だ。今は普通の住宅地だが、かつては6軒の塩問屋があり、塩の道の名残りを町名にとどめている。掛川は東海道五十三次の宿場町、掛川藩の城下町でもあった。1843(天保14)年の記録によると、本陣2軒、旅籠30軒があり、3443人が住んでいた。

旧東海道(県道37号線)に出て西に進むと「蕗《ふき》の門《もん》」が見えた。円満寺の山門だが、元々は掛川城内にあったもので、廃城後の1872(明治5)年に、寺が譲り受け移築された。さらに西の東光寺で、姿の良い松が目に留まった。山門脇に立つ石灯篭に「秋葉山常夜燈」の文字が刻まれている。紛れもない秋葉街道の目印だ。

寺の裏手には「十九首塚《じゅうくしゅづか》」。解説板には、平将門と家臣19名の首級が祀られているとある。

平安時代末期、将門を討ち取った藤原秀郷《ふじわらのひでさと》らが首級を京へ運ぶ途中、掛川で勅使と出会って検視を受けた後、懇《ねんご》ろに弔ったとの伝承も記されていた。ただし、別の説もあるらしい。井伊谷(浜松市北区引佐町)に残る史料などによると、1562(永禄5)年、領主井伊直親一行が駿府への途上、掛川城主朝比奈泰朝《やすとも》らに討たれ、亡骸をこの場所に葬ったという。地図を見ると一帯は「十九首」という町名になっている。いずれにしても、住民は首塚を町の守り神として大切に祀ってきたのだろう。

旧東海道は、逆川を渡り倉真川に架かる大池橋に続く。江戸時代後期の『掛川誌稿』によると、大池橋は長さ約52m、幅約5・7mほどの土橋だった。大池橋を越えると旧東海道と秋葉街道の追分、つまり分岐だ。現在は五差路になっていて、どの道を行くのかと少し迷ったが近くに「秋葉神社掛川遥拝所」を見つけた。秋葉山をはるかに拝む祠で、江戸時代の中頃にはすでに存在していたようだ。秋葉山に通じる街道の入り口で、塩の道のルートだ。

旧東海道と別れ、秋葉街道を進む。「森 天竜方面」の案内標識が現れ、路傍に2000(平成12)年に県が設置した「塩の道」の道標が立っていた。間もなく県道40号線(掛川天竜線)と合流。国道1号線(掛川バイパス)の大池インター近くにまた秋葉山常夜燈を確認。国道1号線の高架

4 十二所神社
横須賀の三熊野神社の分霊と伝わる

福来寺山門脇の鞘堂の中に秋葉山常夜燈

5 福来寺
お灸のお寺として知られている古刹

福来寺から宇洞トンネルを抜ける

県道40号線の一本東側の小径

をくぐり、県道40号線を外れて十二所《じゅうにしょ》神社へ足を向ける。同じ名の社は全国にあり、土着の山の神を祀ったとも熊野神社の系統とも伝わるが、ここは横須賀の三熊野神社の分霊という。

参道脇に、またまた「塩の道」道標。それに従うとなぜか行き止まりになってしまった。引き返して、庭仕事をしていた人に尋ねると「よく間違えるんだよ」と言って道案内してくれた。今度はそこに「秋葉道・塩の道」という小さな道標があり、「秋葉道・塩の道踏査研究会」と設置者の名前が見えた。

田園地帯を横切る歴史と信仰の道

車の往来の多い道の西側を北西に進むと、一帯は広々とした田園地帯だ。垂木川、家代川といった川がゆるゆると流れている。かつて新田開発が盛んだったのか、新田という地名があった。道中の目印はやはり秋葉山常夜燈である。

小津根、海老田といった集落を過ぎ、家代川に架かる江

熊野三山から勧請した若一王子神社

津橋を渡る。間もなく曹洞宗の「福来寺《ふくらいじ》」に差し掛かった。寺伝では、室町時代に村内で疫病が流行し、時の和尚がお灸によって病を収めたという。門前に、瓦葺の小さな鞘堂が建ち、中を覗くと鉄製の火袋が。江戸時代のものともいわれる秋葉山常夜燈だ。

福来寺から宇洞《うとう》トンネルを抜けると県道40号線に突き当たるが、1本手前の細い道を辿る。目指すは「若一王子神社」。熊野那智大社の祭神である若一王子を祀っている。以前は福来寺の裏山を越えて若一王子神社に通じる道があったようだが、現在はゴルフ場があるため通行できない。

若一王子神社の鎮守の森をぐるっと回って県道40号線へ。県道沿いに約100m歩いた所で路地を東に曲がると、住宅地の中に幅2mほどの小径が続いていた。ここでも、秋葉道・塩の道踏査研究会が建てた小さな道標が進む先を教えてくれる。

本郷西まで来ると「長福寺」の山門が現れる。奈良時代に行基によって開かれたと伝わる古刹で、真言宗、天台宗と改宗したが、1494(明応3)年北条早雲の兵火によって焼失。その後、有力な武将によって再建され、曹洞宗寺院として今に至っている。本尊は聖観世音菩薩で、遠州三十三観音霊場の三番札所として知られる。本堂の裏山には古墳が残る。

長福寺の参道脇にも瓦葺きの鞘堂に秋葉山常夜燈があった。参道の入り口で「ひだりあきは道」と刻まれた石標を

6 長福寺 遠州三十三観音霊場の札所として信仰を集める

長福寺参道脇に立つ秋葉山常夜燈の鞘堂

山裾を走る天浜線

長福寺山門脇に立つ新旧の道標

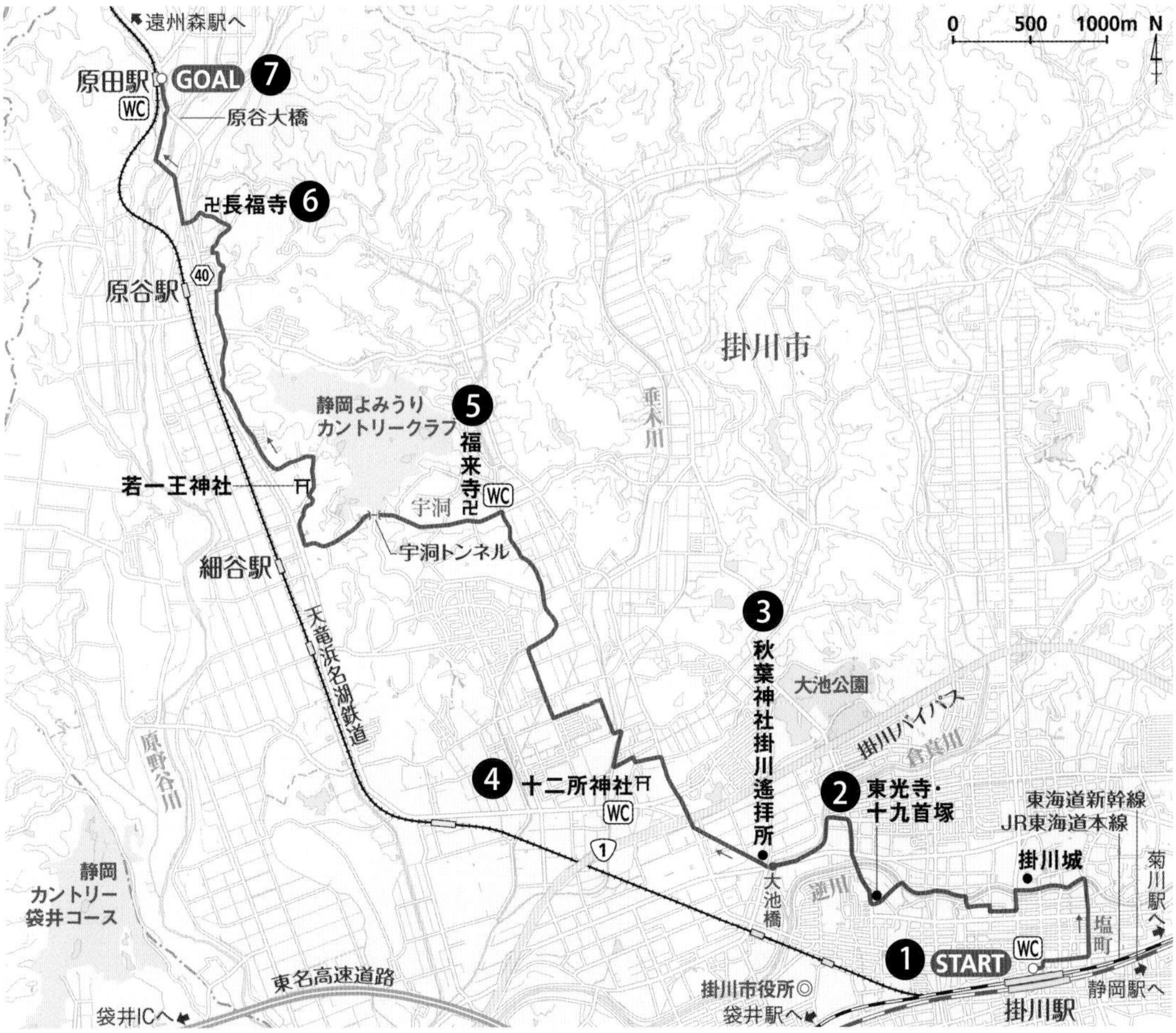

見つけた。「文政十一年戊子春三月建之」という文字も読める。つまり1828年、江戸末期に建てられた。道を少し下ってから県道40号線を横切り、原野谷川に沿うように北へ。この付近には舟の渡し場があったという。原谷橋を渡り、天竜浜名湖鉄道の線路を横目に山辺の道を進む。猿田彦神社を左手にしばらく行けばゴールの天浜線原田駅だ。交易と信仰の道、なかなか趣深かった。

原野谷川を渡る

7 GOAL

天浜線原田駅

県道40号線沿いにある無人駅・天浜線原田駅

No.23

旅情あふれる遠州の奥座敷

浜松市北区引佐町

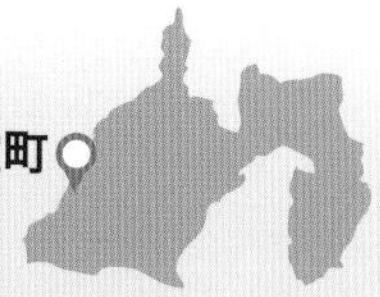

奥山方広寺〜竜ヶ岩洞ウオーク

おくやまほうこうじ〜りゅうがしどうウオーク

所要時間	2時間
距　離	8km

START ❶ 方広寺 ▲約1時間 ❷ 浜松軽便鉄道奥山線跡 ▲約30分 ❸ 長門のムクの木 ▲約20分 ❹ 正法寺 ▲約10分 ❺ 竜ヶ岩洞 GOAL

苔むした山の斜面に立ち並ぶ五百羅漢像

START 1 方広寺

座禅・写経・写仏体験や精進料理が食べられるお寺でもある

古杉に囲まれた五百羅漢像が出迎えてくれる

遠鉄バス奥山線の終点、奥山バス停に降り立つ。JR浜松駅からだと1時間以上かかる道程だ。ここ引佐や細江、三ヶ日町周辺が奥浜名湖エリア。遠州の奥座敷と呼ばれることもある。「奥」と付けば、都会の喧騒を離れゆったりくつろげるイメージ。何かに出合えそうな響きもあり旅情をそそられる。そういえば静岡市も、井川や梅ヶ島などをオクシズ(奥静岡)エリアと称して観光PRに力を入れていたっけ…。

バス停から西に少し進むと「奥山半僧坊大権現」と書かれた観光協会の歓迎ゲート。総門(黒門)をくぐって行くと、今度は朱色が美しい山門(赤門)に差し掛かる。この辺りからは緑がぐんと深くなる渓谷の道だ。

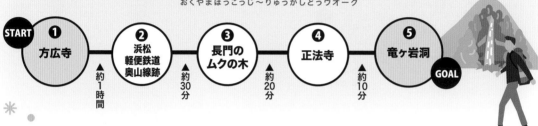

門前町の先に見えてくる重厚な総門

山懐に抱かれた大伽藍は圧巻

路傍に「哲学の道」と刻まれた石標があった。聞き覚えがあると思ったら、やはり京都・東山にある有名な散策路にちなんでいた。『善の研究』などの著書で知られる哲学者西田幾多郎が、思索に耽りながら歩いたというあの道である。調べてみると、方広寺の大井際断8代管長が京都帝国大哲学科の出身で、西田哲学を学んだ縁で名付けられたらしい。

ふと気づくと、散策路で脇の山の斜面から、夥しい数の石仏がこちらを見守っている。五百羅漢像だ。仏陀に付き従った500人の弟子の像で、どの顔も表情が豊かで見飽きない。よく見ればその中に必ず自分に似た顔があるといわれている。寺伝によると宝暦年間(1751~1764年)に三河国の石匠親子2代によって造られた。

苔むした沢沿いの道をさらに登った先には方広寺大本堂。開口32m、奥行き27m。中央に架かる大額「深奥山」は山岡鉄舟の書によるという。1371(応安4、南朝・建穂2)年、後醍醐天皇の皇子無文元選《むもんげんせん》禅師が開山した臨済宗寺院で、鎮守として祭られているのが奥山半僧坊大権現。言い伝えによると、無文元選禅師が中国(元)で修業を終えた帰途、乗った船が嵐に見舞われあわや難破かというとき、異形の大男が現れて水夫らを指揮して危難を無事脱した。その大男は禅師が寺を開いた折、再び現れて弟子となり、禅師の死後も寺を守護し世の人々の災難を除くと誓ったという。寺の守護神となった半蔵坊は明治の廃仏毀釈で一時衰退の憂き目にあったが、今は仏も神も仲良く共存している。

奥山は、遠江国井伊谷を治めていた井伊氏の分家奥山氏の領地であった。この地に方広寺を開いた無文元選禅師を招いたのは、南北朝時代(1337~1392年)当主だった奥山朝藤《ともふじ》。徳川家の側近で後に〈徳川四天王〉の一人として名を馳せた井伊直政の母ひよは、奥山氏の出身である。

方広寺の鎮守半増坊大権現を祀る半増坊真殿

2 浜松軽便鉄道奥山線跡

気賀—奥山間7.7kmが開業したのは1923（大正12）年

富幕川に架かる軽便鉄道の橋梁

4 正法寺

650年余り前に開山されたと伝わる臨済宗の寺院。4つの脚を持つ山門で知られる

3 長門のムクの木

根元には地蔵尊が祀られており、大切にされていることがわかる

神秘に満ち溢れた 洞窟探検

方広寺から門前通りに戻り、バス路線の県道68号線を離れて下っていくと富幕川《とんまくがわ》沿いの道に出る。下り切った辺りに遠州鉄道奥山車庫がありバスが止まっていた。かつて浜松と奥山を結んでいた遠州鉄道奥山線の奥山駅があったところだ。1914（大正3）年に開業した軽便鉄道だが、戦後の車社会の到来で1964（昭和39）年に廃線となった。

奥山車庫から少し進んで橋を渡って富幕川の右岸へ。なだらかな山裾の道を歩いた先に、小さな公園があり「浜松軽便鉄道奥山線」という説明板が目に留まった。ここには小齋藤駅があったようだ。すぐ近くには小さな橋。説明板にあった軽便鉄道の橋梁だったという。軌道こそ残っていないが、かつてこの山里に列車が行き来していた証しだ。一瞬遠くに汽笛が聞こえたような気がした。

県道303号新城引佐線に出て中村集落から神宮寺川に沿って馬門《まかど》を目指す。馬門には奥山初代朝清の法名を山号にした正法寺がある。山門には左甚五郎作と伝わる龍の彫り物があり、こんな伝説が残

No.23 奥山方広寺〜竜ヶ岩洞ウオーク

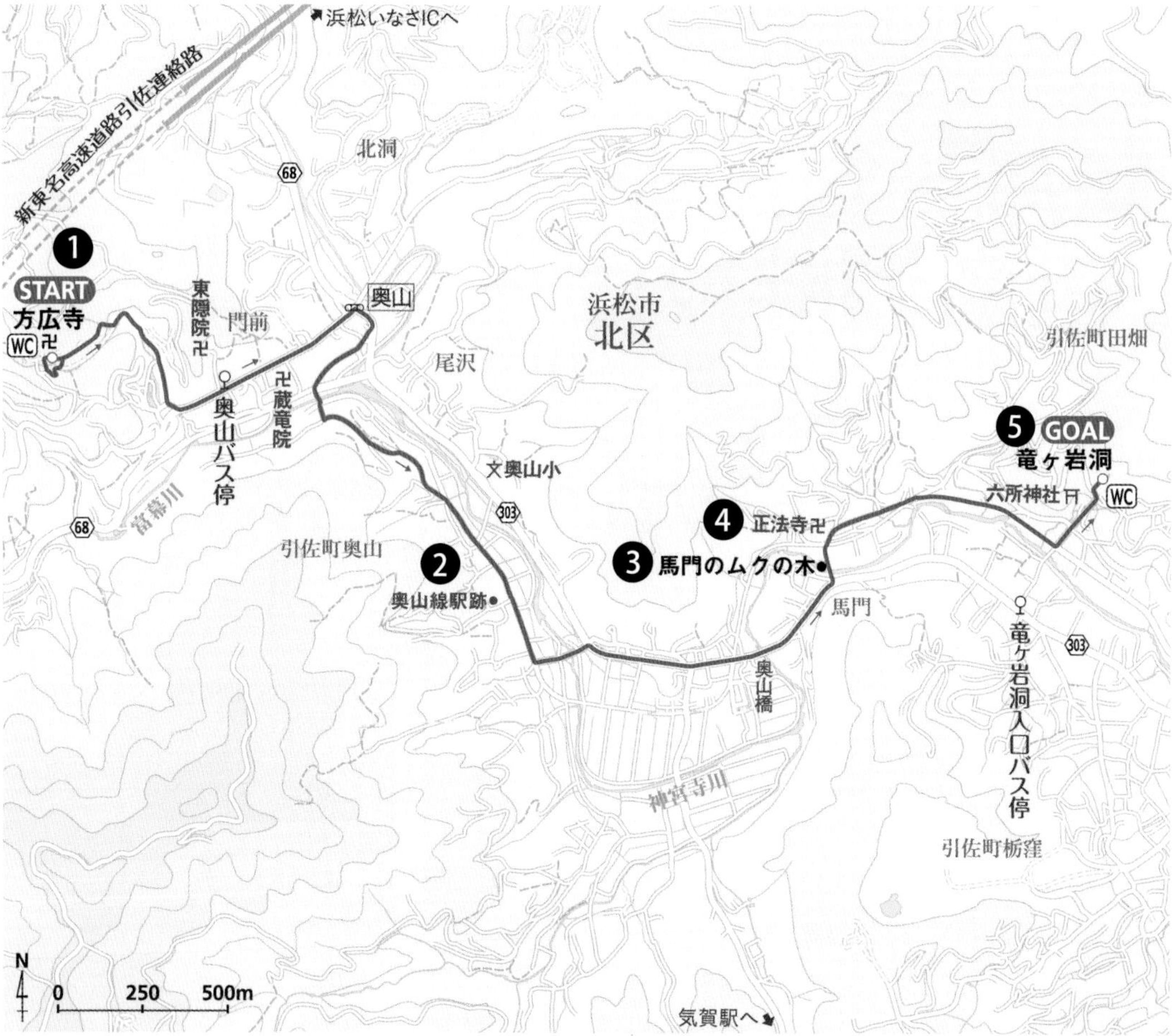

っている。―ある夏の夜、お寺の近くの田んぼの水がどんどん減ってしまう。不思議に思った村人が見張っていたところ、何と龍が水を飲んでいる。村人は相談してその龍の目を潰してしまった。以来、水が減ることはなくなったという―。大切な田の水を守るためとはいえ、水神とされる龍の目を潰すとは余りに大胆で怖い話だ。

正法寺の近くには、浜松市指定天然記念物の「椋《むく》の木」が枝を伸ばしていた。目通り6m、高さ28・9m、推定樹齢700年余とされる巨木だ。威風堂々としたその姿に畏怖の念を覚える。案内板によると、根元に祀られた地蔵尊のご神木だという。

馬門から山の斜面の道を上っていけばゴールの「竜ヶ岩洞《りゅうがしどう》」だ。1983（昭和58）年に開業した鍾乳洞で竜ヶ石山（標高359m）南麓に口を開く。総延長1000mのうち400mが一般公開されている。もともと石灰岩の採石場だったが、閉山後、地元の実業家や地底探検家らの尽力で観光洞として日の目を見ることになった。神秘的な地底世界、気の遠くなるような歳月が刻んだ自然の造形美をしばし堪能した。

5 GOAL **竜ヶ岩洞**
奥山が観光地として注目されるきっかけになった鍾乳洞。昭和感たっぷり

ACCESS

- 行き・バス/JR浜松駅から方広寺バス停まで1時間10分
- 帰り・バス/竜ヶ岩洞バス停からJR浜松駅まで1時間

開放的な湖畔の道行き

新居～舘山寺 浜名湖畔ウオーク

あらい～かんざんじ はまなこはんウオーク

所要時間	3時間50分
距　離	15km

START ❶ JR新居町駅 ▲約50分 ❷ 渚園 ▲約1時間10分 ❸ 村櫛海岸 ▲約1時間50分 ❹ 舘山寺 GOAL

左手に西浜名橋、右手に東海道本線と東海道新幹線の鉄橋

START 1

JR新居町駅

国道301号線沿いにある新居町駅

駅前には遠州新居手筒花火の像が

室町時代に海とつながるまでは淡水湖だった浜名湖

JR新居町駅から舞阪方面に向かって国道301号線を歩き出す。30分ほどで浜名湖に架かる西浜名橋だ。東海道新幹線、在来線の鉄橋と並行する、ちょっと面白い橋である。もともとこの辺りは旧東海道で、1929（昭和4）年に西浜名橋が完成するまで行き来はもっぱら渡船に頼っていたらしい。南側には遠州灘に面して国道1号バイパスが走り、長大な浜名大橋が湖口（今切口）をまたいでいる。

浜名湖は現在、海水と淡水が混ざり合った汽水をたたえる湖だ。古名を「遠《とお》淡海《つおうみ》（遠江）」といい、都に近い近淡海《ちかつおうみ》（琵琶湖・近江）に対して、〈遠い淡水の海〉という意味だった。かつてはその淡水湖から砂州に沿って浜名川が遠州灘へと注ぎ、

新居関所の史跡。旧東海道の難所のひとつだった

渚園に向かう先に小島に建つ
“水上の家”

レストハウスでは
「ゆるキャン△」グッズの展示販売も

海水が湖に逆流することはなかったようだ。862（貞観4）年に川に橋が架けられたと伝わり、「橋本」という地名にその名残をとどめている。平安時代中期の貴族で歌人の平兼盛は〈潮みてるほどに行きかふ旅人や浜名の橋と名付け初めけん〉と詠み、『更級《さらしな》日記』の菅原孝標女《すがわらのたかすえのむすめ》も浜名の橋について記している。

　しかし室町時代後期の1498（明応7）年に起きた明応地震とそれに伴う津波によって砂州が決壊して海とつながった。決壊場所は「今切《いまぎれ》」と呼ぶようになった。1601（慶長5）年から順次、東海道五十三次が整備されてからも、舞阪から新居までの行程は渡船であった。新居には関所が設けられ、「入り鉄砲と出女」言われるように、旅人への江戸の出入りに目を光らせていたという。

　西浜名橋を渡ればと弁天島だ。9連のアーチ橋として知られる中浜名橋の手前を県道323号線（舘山寺弁天島線）へと入る。この辺りから水面との距離がぐっと近い。行く手に不思議な風景が見えてきた。水路の真ん中の小島にポツンと1つマンションらしき建物。小島には「観月橋」と「朝日橋」が架かっている。風情のある名が付いた両橋を渡って渚園を目指す。

　渚園は、1946（昭和21）年に埋め立てられた人工島で、もともとは塩田があった。しかし、完成直後に火災によって施設は消失。その後、再建されないまま放置されていたが、現在は野球場やテニスコートなどのスポーツ施設、キャンプ場が整備され、一大レジャー基地になっている。なかでもキャンプ場は、昨今のキャンプブームを牽引した漫画『ゆるキャン△』の舞台となったこともあって〈聖地巡礼〉の地として全国的に人気らしい。

2 渚　園

戦後間もない頃にできた
人工島「渚園」

3 村櫛海岸

村櫛海岸は漁港や海水浴場がある水辺

湖畔に架かる太鼓橋「志ぶき橋」は
夕日が映える

水辺の山裾に咲くユリの花

漁協もあり漁業が盛んな浜名湖

渚園から県道３２３号線を北上し、中之島大橋を渡って浜名湖周遊自転車道に入る。ここからは湖畔を進む。浜名湖周回のサイクリングロードは通称「ハマイチ」と呼ばれ、標準コースは67ｋｍほど。毎年のようにサイクルツーリングのイベントが行われていて、自転車愛好者には馴染みが深い。

浜名湖大橋を渡り、フェニックスが植えられた真っすぐで単調な道を歩く。角を曲がって村櫛に差し掛かると風景が変わった。小さな漁港があり、生け簀にエサをやっている漁師の姿が見えた。浜名湖は生業《なりわい》の海でもある。ウナギ、ノリ、カキ、アサリ、クロダイ、スズキなど汽水湖ならではの漁業が盛んだ。漁港を過ぎると砂浜の海水浴場。浜まで降りて水を口に含むとしょっぱい。やはり「海水」浴場であった。

夏の行楽シーズンを過ぎたせいもあるのか、湖岸の〈海の家〉は閉鎖していてトイレもなく、自動販売機もない。そんな道をひたすらに歩く。潮風に吹かれながらの湖岸の道行きは開放的で心地よいのだが、あまりに長いとさすがにつらい。舘山《かんざん》寺の参道の街に着いたときは

舘山寺の門前通りは昭和の観光地の風情がある

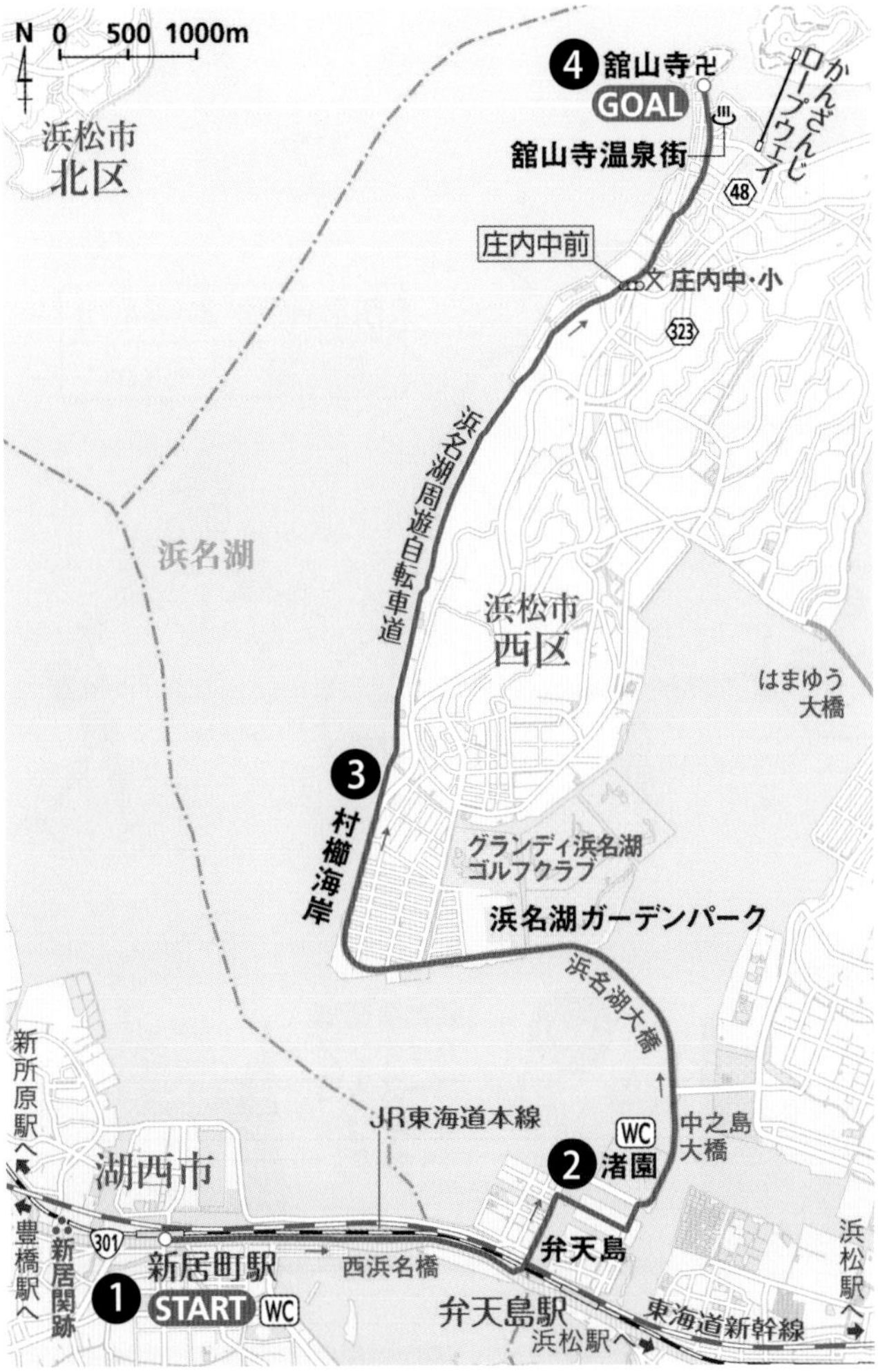

いまは曹洞宗の寺院である舘山寺

正直ほっとした。

　舘山寺は810年に弘法大師空海によって開創されたと伝えられる古刹だ。秋葉山秋葉寺の末寺でもある。寺伝によると鎌倉時代、戦火によって焼失したが、源頼朝によって再建。南北朝時代には、この地にあった堀江城に赴任した大沢氏の祈願所として庇護された。江戸時代に入ると徳川家康から御朱印判物を賜り、東海の名刹として繁栄したという。明治政府の神仏分離令によって廃寺となるが、その後、曹洞宗の寺院として再興された。

　舘山寺の門前町は温泉地としても知られる。舘山寺温泉の開湯は1958(昭和33)年と意外に新しいが、浜名湖を代表する観光拠点として発展してきた。遊歩道も整備されており、時間に余裕があれば、じっくりと散策してみたい。

ACCESS

● 帰り・バス/舘山寺温泉から JR浜松駅まで1時間3分

4 GOAL

舘山寺

舘山寺を代表する風景のひとつ

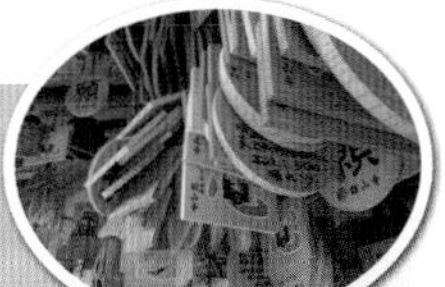

たくさんの絵馬がかかる縁結地蔵尊

No.25

静かな山里で歴史をたどる

戦国夢街道ウオーク

せんごくゆめかいどうウオーク

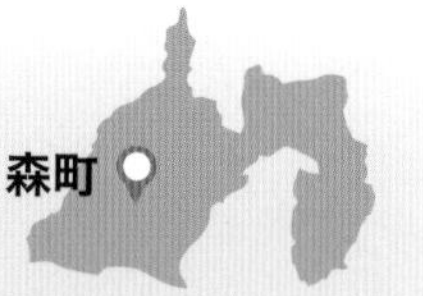

所要時間	2時間40分
距　離	6km

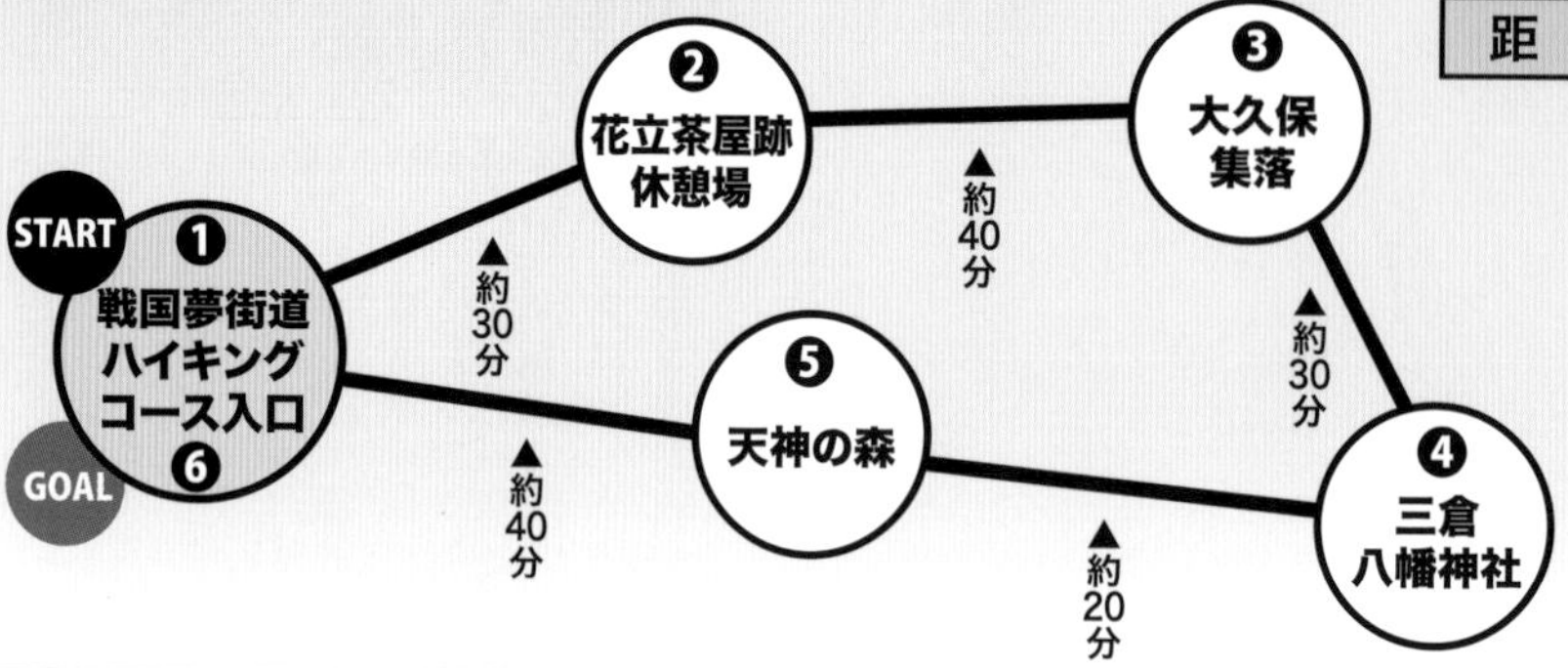

花が供えられた路傍の野仏

徳川軍の武将を弔った塚

START 1 **戦国夢街道ハイキングコース入口**

馬の像や塩の道の道標が立つ

まだ歩き始めたばかりだが万歳坂で勝どきを

遠州森町は、古くから遠江国と信濃国を結ぶ「塩の道」や、火伏の神として知られる秋葉山本宮秋葉神社の参詣道「秋葉街道」の宿場町として栄えた。塩の道は物流・交易の道であり、戦国時代には軍事の道にもなった。大正時代、この地を訪れた有名な地理学者志賀重昂《しげたか》(1863~1927年)は、町並みやその風情を賞賛し、京都にたとえた。以来、〈遠州の小京都〉が森町のキャッチコピーになっている。

県道58号線を北上した所に、三倉川(太田川の支流)が流れる一ノ瀬という小さな集落がある。道の脇には武将のイラストをあしらったのぼり旗。「戦国夢街道」と名付けられたハイキングコースの入口だった。近くの土手に「徳川家臣七人塚」と彫られた石碑が立っている。案内板によると一帯は古戦場のようだ。

三方ヶ原の戦い(1572・元亀3年)で武田信玄に敗れた徳川家康は信玄の死後、1574(天正2)年に領地奪還を図って武田方の天野氏の居城「犬居城」(春野町)を攻めた。しかし、大雨による気田川の増水で進軍できず、兵糧も尽きて退却する途中、天野軍の追撃に遭う。徳川軍は鵜殿藤五郎や堀平八郎、堀小太郎、大久保勘七郎ら多くの武将を失った。地元民は亡くなった将兵を「七人塚」に葬り、手厚く供養してきたという。

戦国夢街道の入口では、妙にリアルな馬の像が目を引いた。像の足元には「鵜殿藤五郎戦没の地」と彫られた石碑が

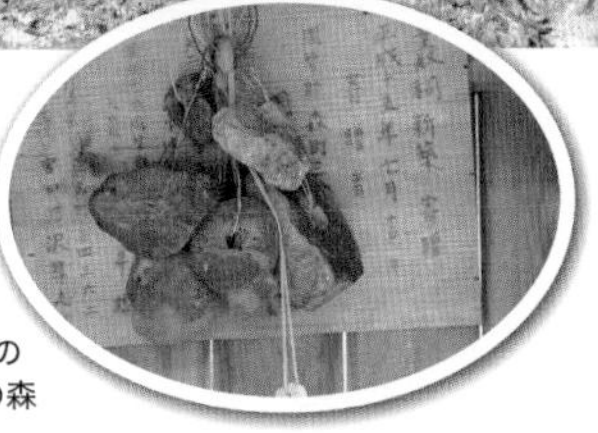

耳の病気の
平癒を願った地蔵の森

2 花立茶屋跡休憩場

かつて茶屋があった付近に
設けられた休憩所

あり、傍に塩の道の道標も立っている。脇にある階段を上って森の中へと進む。モミやシラカシ、ヤブツバキなどの常緑樹に混じってコナラやクヌギの落葉樹が茂る小径はよく整備されていた。出発して10分ほどで舗装路に出る。路傍に静かに佇む野仏や、石造りの道標が歴史の道を味わい深く演出している。

　しばらくは坂道がだらだらと続き、途中に「万歳坂」の案内板。徳川軍を追撃した天野軍がこの付近で勝どきを上げたことから、そう呼ばれるようになったとあった。また、辺りでは武士の鎧に使われた金や銀を含んだ「銀石」が出ると伝わり、近年までも子どもらが石探しに興じたとも。秋葉街道が賑わった頃は、詣でる道者に子どもが付きまとい、「道者道者一文銭おくれ、くれる道者は米道者、くれぬ道者は糠道者」とはやしたともいう。

立花茶屋から石畳の道が続く

茶畑を登ったところにある地蔵の森

旅人を見守っただろうツガの巨木

3

大久保集落

三丸山の山腹にある大久保集落からの眺めはいい

道端で見つけたムラサキシキブ

4

三倉八幡神社

大久保集落にある八幡神社の歴史は古い

郷愁を誘う山里は静けさに満ちている

万歳坂を越えると下り坂になり「花立《はなたて》茶屋」の休憩所がある。すぐ近くの一軒家に花立姓の表札があった。家の婦人に尋ねると「ご先祖が茶屋をやっていたと聞いています」と教えてくれた。花立家は名字帯刀を許された家柄で、明治初期まで馬による物流も担っていた。

休憩所から山中の石畳の道を歩き、再び舗装路へ。ハイキングコースの大きな案内板の先には、推定樹齢350年といわれるツガの巨木。さらに茶畑脇の道を登ると「地蔵の森」の案内板と小さな祠が見えた。いつの時代のものかは分からないが、お地蔵の奥を覗くと穴を通した石が下がっていた。耳の病気の平癒を願掛けするとご利益があったそうだ。

地蔵の森を過ぎると大久保の集落だ。三丸山の山腹、標高300～400mほどの東斜面に家が点在し茶畑が広がる。童謡に歌われるようなどこか郷愁を誘う風景だ。街道筋のこの山里に人が住むようになったのは室町時代中期の頃といわれる。

警鐘信号も残る大久保の半鐘

街道の雰囲気が漂う

斜面に沿った土道を進むと、ツガの巨木が境内に枝葉を広げる八幡神社が鎮座している。元々この場所には1684(貞享元)年に建立された金山社があったが、1700(元禄13)年に八幡神社になったと伝わる。八幡宮は武運の神様であり、昭和の初めごろまでは1月15日の例祭で馬の早駆けが行われていたようだ。遠く信濃を目指す旅人にとっては旅の安全を祈願する神社でもあっただろう。

　八幡神社から北に進んだ後、今度は一気に谷間に下っていく。やがて民家が途切れ暗い森の道になる。この辺りに住んでいた道端に北屋敷長太夫という人物が、裏山に学問の神様である天神様(菅原道真)を祀り、村の発展には学問が必要と説いたことから「天神森」と呼ばれるようになったとか。

　谷の底に出て山裾を縫う山道を辿ると、ようやく県道58号線と合流する。乙丸集落から三倉川沿いに下って、スタート地点と同じ一ノ瀬でゴールだ。

5 天神の森
菅原道真を祀ったと伝わる

6 GOAL 戦国夢街道ハイキングコース入口

県道58号線沿いにある神明神社

ACCESS

- 往復・車/新東名森掛川I.Cからハイキングコース入口まで15分

静岡県 歩きたくなる道 PART2 歩行記録

本書で紹介しているコースを歩いたら、歩行記録を付けてみませんか。歩いた日、コースタイム、歩いてみた印象（その日の天気や昼食に食べたもの、歩き終えての感想など）をメモしてみてください。

コース名	日付/タイム	メモ
❶ 伊豆東浦路（網代〜宇佐美）ウオーク	日付　月　日 タイム　時間　分	
❷ 須崎〜爪木崎ウオーク	日付　月　日 タイム　時間　分	
❸ 城ヶ崎海岸・絶景ウオーク	日付　月　日 タイム　時間　分	
❹ 大室山から一碧湖ウオーク	日付　月　日 タイム　時間　分	
❺ 安城岬から堂ヶ島ジオ発見ウオーク	日付　月　日 タイム　時間　分	
❻ 金冠山から達磨山ウオーク	日付　月　日 タイム　時間　分	
❼ 函南原生林と箱根西坂ウオーク	日付　月　日 タイム　時間　分	
❽ 御殿場市の名所旧跡ウオーク	日付　月　日 タイム　時間　分	
❾ 沼津から三島水辺を巡るウオーク	日付　月　日 タイム　時間　分	
❿ 千本松原〜沼津港ウオーク	日付　月　日 タイム　時間　分	
⓫ 人穴浅間神社〜白糸ノ滝 富士山麓ウオーク	日付　月　日 タイム　時間　分	
⓬ 富士の湧水とかぐや姫伝説ウオーク	日付　月　日 タイム　時間　分	

コース名	日付/タイム	メモ
13 田子の浦港 富士眺望ウオーク	日付　月　日 タイム　時間　分	
14 興津河畔と小島史跡 ウオーク	日付　月　日 タイム　時間　分	
15 いほはら清水を巡る 歴史の道ウオーク	日付　月　日 タイム　時間　分	
16 草薙神社と日本平 ウオーク	日付　月　日 タイム　時間　分	
17 花沢の里〜満観峰 ウオーク	日付　月　日 タイム　時間　分	
18 焼津街中・小泉八雲 ウオーク	日付　月　日 タイム　時間　分	
19 神の里・蔵田 高根山 ウオーク	日付　月　日 タイム　時間　分	
20 静岡県の最南端 御前崎ウオーク	日付　月　日 タイム　時間　分	
21 袋井ど真ん中ウオーク	日付　月　日 タイム　時間　分	
22 掛川 塩の道ウオーク	日付　月　日 タイム　時間　分	
23 奥山方広寺〜 竜ヶ岩洞ウオーク	日付　月　日 タイム　時間　分	
24 新居〜舘山寺 浜名湖畔ウオーク	日付　月　日 タイム　時間　分	
25 戦国夢街道ウオーク	日付　月　日 タイム　時間　分	

静岡県歩きたくなる道25選 PART2

2023年3月29日　初版発行
2023年10月2日　第二刷発行

著　　者　高橋秀樹（文・写真）
製作協力　静岡県ウオーキング協会
　　　　　伊豆歩倶楽部
　　　　　東静歩こう会
　　　　　静岡歩こう会
　　　　　静岡里山歴史ウオークの会
　　　　　株式会社ゴトー
　　　　　株式会社シラトリ

企画・編集　静岡新聞社出版部
発 行 者　大須賀紳晃
発 行 所　静岡新聞社
　　　　　〒422-8033 静岡市駿河区登呂3-1-1
　　　　　TEL 054-284-1666

デザイン　河島秀美
イラスト　塚田雄太（P4〜5）
地　　図　河合理佳

印刷・製本　シナノパブリッシングプレス

ISBN978-4-7838-2638-5　C0026
＊定価は裏表紙に表示してあります。